《思想道德修养与法律基础》学习指导书

主　编　王　欣

副主编　李有斌　徐常宾

编　者　王金锋　卜舒慧　张海国　李　奕

胡玉芳　胡　唯　何俊玲　吴　玫

董天菊　乾润梅　张一平　孙光园

北京理工大学出版社

BEIJING INSTITUTE OF TECHNOLOGY PRESS

图书在版编目(CIP)数据

《思想道德修养与法律基础》学习指导书/王欣主编. —北京:北京理工大学出版社,2019.9（2020.11 重印）

ISBN 978-7-5682-7390-9

Ⅰ.①思…　Ⅱ.①王…　Ⅲ.①思想修养-高等学校-教学参考资料②法律-中国-高等学校-教学参考资料　Ⅳ.①G641.6②D920.4

中国版本图书馆 CIP 数据核字(2019)第 176434 号

出版发行 / 北京理工大学出版社有限责任公司
社　　址 / 北京市海淀区中关村南大街 5 号
邮　　编 / 100081
电　　话 / (010)68914775(总编室)
　　　　　(010)82562903(教材售后服务热线)
　　　　　(010)68948351(其他图书服务热线)
网　　址 / http://www.bitpress.com.cn
经　　销 / 全国各地新华书店
印　　刷 / 北京虎彩文化传播有限公司
开　　本 / 710 毫米×1000 毫米　1/16
印　　张 / 11.5
字　　数 / 274 千字
版　　次 / 2019 年 9 月第 1 版　2020 年 11 月第 3 次印刷
定　　价 / 32.00 元

责任编辑 / 李慧智
文案编辑 / 李慧智
责任校对 / 周瑞红
责任印制 / 施胜娟

前　言

思想政治理论课承担着对大学生进行系统的马克思主义理论教育、培养中国特色社会主义事业建设者和接班人的重大任务，是巩固马克思主义在高校意识形态领域指导地位、坚持社会主义办学方向的重要阵地，是全面贯彻党的教育方针、落实立德树人根本任务的主干渠道和核心课程，是加强和改进高校思想政治工作、实现高等教育内涵式发展的灵魂课程。党的十八大以来，以习近平同志为核心的党中央高度重视高校思想政治理论课建设。2019 年 3 月 18 日，习近平总书记在其召开的学校思想政治理论课教师座谈会上对思想政治理论课建设提出了“八个相统一”的要求，进一步明确了课程建设的努力方向。

思想道德修养与法律基础课是对大学生进行人生观、价值观、道德观和法治观系统教育的必修课程。本门课程教学的主要目的是综合运用马克思主义的基本立场、观点和方法，在理论与实践结合的基础上，对新时代大学生面临和关心的实际问题进行有说服力的回答。

为了方便本门课程的“教”与“学”，进一步提升新时代大学生的认知能力、社会责任感和创新能力，我们结合多年的教学经验，并吸收其他高校关于本门课程的建设经验，组织骨干教师编写了这本《〈思想道德修养与法律基础〉学习指导书》。本书设计了名人警句、学习要点、学习目标、学习重点、阅读欣赏、学习案例、实践教学设计、影视鉴赏、延伸阅读、知识检测等模块，重点体现大学生“知”与“行”相统一，实现理论学习与实践运用相结合、思想性与知识性相结合、教材内容与社会热点相结合，让学生在学习中实践，在实践中升华思想境界。

在本书的编写过程中我们参考了大量学者、专家编写的相关文献资料，查阅了大量期刊、报纸和网络平台的有关内容，也征求了兄弟院校一线教师的意见，在此一并表示感谢。尽管如此，由于我们的水平有限，书中难免有疏漏或表述不准确的地方，敬请广大教师和学生在教与学的过程中，对本书提出宝贵意见，以便我们不断完善。

编　者

2019 年 6 月

目　录

绪　论

第一章　人生的青春之问

第二章 坚定理想信念

第三章 弘扬中国精神

第四章 践行社会主义核心价值观

第五章　明大德　守公德　严私德

第六章　尊法学法　守法用法

绪 论

【名人警句】

当代青年是同新时代共同前进的一代。广大青年既拥有广阔发展空间，也承载着伟大时代使命。

现在，青春是用来奋斗的；将来，青春是用来回忆的。

——习近平

【学习要点】

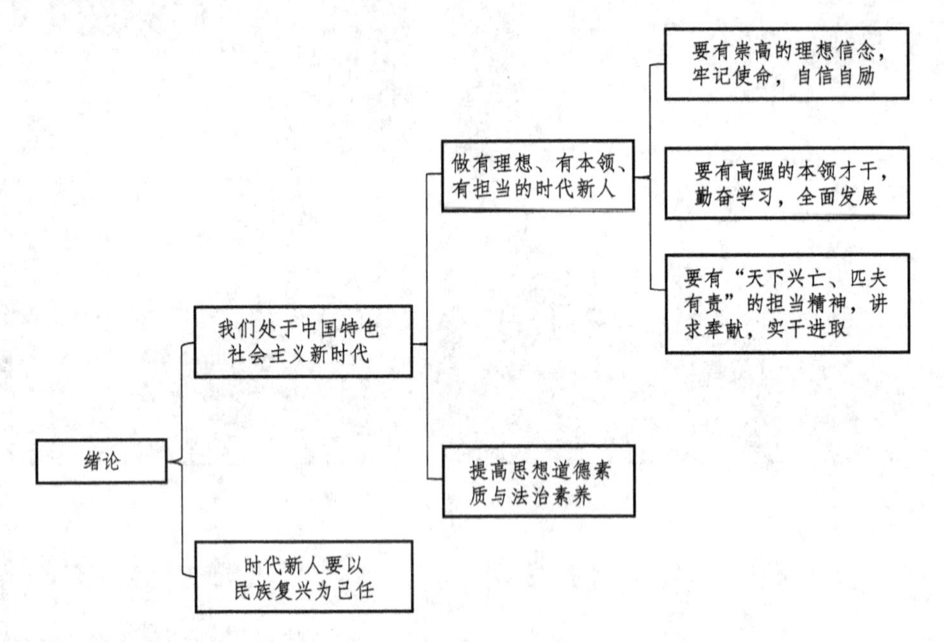

【学习目标】

1. 明确大学阶段对于人生的重要性，建立自觉勤奋的学习观。

2. 正确理解和认识中国特色社会主义进入新时代，认清新时代大学生的历史使命。

3. 提高思想道德素质和法治素养，用行动为新时代贡献青春力量。

【学习重点】

1. 我们为什么要上大学？

2. 新时代的内涵及新时代大学生的历史使命。

3. 新时代大学生应具备哪些素养？

【阅读欣赏】

新时代呼唤什么样的中国青年

青年是整个社会力量中最积极、最有生气的力量，国家的希望在青年，民族的未来在青年。今天，新时代中国青年处在中华民族发展的最好时期，既面临着难得的建功立业的人生际遇，也面临着“天将降大任于斯人”的时代使命。新时代中国青年要继续发扬五四精神，以实现中华民族伟大复兴为己任，不辜负党的期望、人民期待、民族重托，不辜负我们这个伟大时代。

第一，新时代中国青年要树立远大理想。青年的理想信念关乎国家未来。青年理想远大、信念坚定，是一个国家、一个民族无坚不摧的前进动力。青年志存高远，就能激发奋进潜力，青春岁月就不会像无舵之舟漂泊不定。正所谓“立志而圣则圣矣，立志而贤则贤矣”。青年的人生目标会有不同，职业选择也有差异，但只有把自己的小我融入祖国的大我、人民的大我之中，与时代同步伐、与人民共命运，才能更好实现人生价值、升华人生境界。离开了祖国需要、人民利益，任何孤芳自赏都会陷入越走越窄的狭小天地。

新时代中国青年要树立对马克思主义的信仰、对中国特色社会主义的信念、对中华民族伟大复兴中国梦的信心，到人民群众中去，到新时代新天地中去，让理想信念在创业奋斗中升华，让青春在创新创造中闪光！

第二，新时代中国青年要热爱伟大祖国。孙中山先生说，做人最大的事情，“就是要知道怎么样爱国”。一个人不爱国，甚至欺骗祖国、背叛祖国，那在自己的国家、在世界上都是很丢脸的，也是没有立足之地的。对每一个中国人来说，爱国是本分，也是职责，是心之所系、情之所归。对新时代中国青年来说，热爱祖国是立身之本、成才之基。当代中国，爱国主义的本质就是坚持爱国和爱党、爱社会主义高度统一。

新时代中国青年要听党话、跟党走，胸怀忧国忧民之心、爱国爱民之情，不断奉献祖国、奉献人民，以一生的真情投入、一辈子的顽强奋斗来体现爱国主义情怀，让爱国主义的伟大旗帜始终在心中高高飘扬！

第三，新时代中国青年要担当时代责任。时代呼唤担当，民族振兴是青年的责任。鲁迅先生说，青年“所多的是生力，遇见深林，可以辟成平地的，遇见旷野，可以栽种树木的，遇见沙漠，可以开掘井泉的”。在实现中华民族伟大复兴的新征程上，应对重大挑战、抵御重大风险、克服重大阻力、解决重大矛盾，迫切需要迎难而上、挺身而出的担当精神。只要青年都勇挑重担、勇克难关、勇斗风险，中国特色社会主义就能充满活力、充满后劲、充满希望。青年要保持初生牛犊不怕虎、越是艰险越向前的刚健勇毅，勇立时代潮头，争做时代先锋。一切视探索尝试为畏途、一切把负重前行当吃亏、一切“躲进小楼成一统”逃避责任的思想和行为，都是要不得的，都是成不了事的，也是难以真正获得人生快乐的。

新时代中国青年要珍惜这个时代、担负时代使命，在担当中历练，在尽责中成长，让青春在新时代改革开放的广阔天地中绽放，让人生在实现中国梦的奋进追逐中展现出勇敢奔跑的英姿，努力成为德智体美劳全面发展的社会主义建设者和接班人！

第四，新时代中国青年要勇于砥砺奋斗。奋斗是青春最亮丽的底色。“自信人生二百年，会当水击三千里。”民族复兴的使命要靠奋斗来实现，人生理想的风帆要靠奋斗来扬起。没有广大人民特别是一代代青年前赴后继、艰苦卓绝的接续奋斗，就没有中国特色社会主义新时代的今天，更不会有实现中华民族伟大复兴的明天。千百年来，中华民族历经苦难，但没有任何一次苦难能够打垮我们，最后都推动了我们民族精神、意志、力量的一次次升华。今天，我们的生活条件好了，但奋斗精神一点都不能少，中国青年永久奋斗的好传统一点都不能丢。在实现中华民族伟大复兴的新征程上，必然会有艰巨繁重的任务，必然会有艰难险阻甚至惊涛骇浪，特别需要我们发扬艰苦奋斗精神。奋斗不只是响亮的口号，而是要在做好每一件小事、完成每一项任务、履行每一项职责中见精神。奋斗的道路不会一帆风顺，往往荆棘丛生、充满坎坷。强者，总是从挫折中不断奋起、永不气馁。

新时代中国青年要勇做走在时代前列的奋进者、开拓者、奉献者，毫不畏惧面对一切艰难险阻，在劈波斩浪中开拓前进，在披荆斩棘中开辟天地，在攻坚克难中创造业绩，用青春和汗水创造出让世界刮目相看的新奇迹！

第五，新时代中国青年要练就过硬本领。青年是苦练本领、增长才干的黄金时期。“青春虚度无所成，白首衔悲亦何及。”当今时代，知识更新不断加快，社会分工日益细化，新技术新模式新业态层出不穷，这既为青年施展才华、竞展风采提供了广阔舞台，也对青年能力素质提出了新的更高要求。不论是成就自己的人生理想，还是担当时代的神圣使命，青年都要珍惜韶华、不负青春，努力学习掌握科学知识，提高内在素质，锤炼过硬本领，使自己的思维视野、思想观念、认识水平跟上越来越快的时代发展。

新时代中国青年要增强学习紧迫感，如饥似渴、孜孜不倦地学习。努力学习马克思主义立场观点方法，努力掌握科学文化知识和专业技能，努力提高人文素养，在学习中增长知识、锤炼品格，在工作中增长才干、练就本领，以真才实学服务人民，以创新创造贡献国家！

第六，新时代中国青年要锤炼品德修为。人无德不立，品德是为人之本。止于至善，是中华民族始终不变的人格追求。我们要建设的社会主义现代化强国，不仅要在物质上强，更要在精神上强。精神上强，才是更持久、更深沉、更有力量的。青年要把正确的道德认知、自觉的道德养成、积极的道德实践紧密结合起来，不断修身立德，打牢道德根基，在人生道路上走得更正、走得更远。面对复杂的世界大变局，要明辨是非、恪守正道，不人云亦云、盲目跟风。面对外部诱惑，要保持定力、严守规矩，用勤劳的双手和诚实的劳动创造美好生活，拒绝投机取巧、远离自作聪明。面对美好岁月，要有饮水思源、懂得回报的感恩之心，感恩党和国家，感恩社会和人民。要在奋斗中摸爬滚打，体察世间冷暖、民众忧乐、现实矛盾，从中找到人生真谛、生命价值、事业方向。

新时代中国青年要自觉树立和践行社会主义核心价值观，善于从中华民族传统美德中汲取道德滋养，从英雄人物和时代楷模的身上感受道德风范，从自身内省中提升道德修为，明大德、守公德、严私德，自觉抵制拜金主义、享乐主义、极端个人主义、历史虚无主义等错误思想，追求更有高度、更有境界、更有品位的人生，让清风正气、蓬勃朝气遍布全社会！

（资料来源：习近平总书记在纪念五四运动100周年大会上的讲话，节选）

【学习案例】

【案例一】悟道比求知更重要（节选）

十年寒窗苦。大学生经过多年学习和无数次考试，才跨进大学校门。大家需要学习，但更要掌握学习的真谛。

悟出学习的道理比学习具体知识更为重要，唯有如此，人生之路才会越走越宽广。

学习为了什么？首先是为了国家和民族，也为了个人的发展。其实远不止于此，我们为探索未知而学习，宇宙中藏有太多的奥秘，需要我们去探求。探索未知的神秘世界，这是青年人的使命所在；为了生命的过程而学习，我们要在学习中成长。更进一步，要“无为而学习”。教育家杜威有言：教育本身并无目的。意义恐怕就在于此，真正的“无为”是无所不为。

大学生学什么？除了政治理论、专业知识和人文历史外，还有很多需要掌握。

学习社会。学校是求知的殿堂，但视野相对有限，不要忘记更为广阔的社会。学习社会，我们会充满希望和激情，坚定信仰和方向，可以登高和远行。

学习情感。我们都需要健康的情感。责任是一种情感，青年人对家庭、集体和社会，以及全人类应怀有责任；同情是一种情感，对身处困境者应抱有同情，施以援手；爱是一种情感，社会充满爱将更加美好，人们奉献爱将更具魅力。

学习和谐。人类社会和自然环境都需要和谐。季羡林先生提出内心和谐，没有自身的和谐，就很难为社会和环境的和谐做出贡献。没有自身和谐，大家可能迷失自我，陷入茫然。

怎样学习？我们习惯于在课堂、书本和实验室里学习，这远远不够。

在集体中学习。三人行必有我师，爱因斯坦学生时期曾和几位好友自发组织“奥林匹亚学院”，从中受益匪浅。我们一生将身处许多不同的环境和集体，学习之源无穷无尽。要做有心人，在集体中向他人学习。

在生活中学习。杜威说：教育是生活的过程，而不是将来生活的预备。学习是生活的一部分，生活是最丰富的学习源泉。

在实践中学习。知识一般可以在书本里找到，能力的提高需要融入社会；在理想和志向的情景中学习。要设计一个美好的人生“图景”，将其逐步化为现实。

在主动中学习。真正的主动学习是以学生为中心，而不是以教师为中心。只有发挥主观能动性，才能逐渐发掘自己的潜能。“知之者不如好之者，好之者不如乐之者。”在未知世界中寻找兴趣，我们就能乐于学习。要懂得感悟学习，把学到的知识进一步升华，需要感悟。日常生活和世间万物都蕴含很多哲理，要理解它们，更需要感悟。

在质疑中学习。社会和科技总是“不完美的”，为解决这些问题，需要人们不断探索。要善于发现问题，问题中往往孕育机遇。养成质疑的习惯，创新在很大程度上就建立在质疑的基础上。

（资料来源：李培根. 悟道比求知更重要[N]，人民日报，2008-03-27(13).）

案例点评：

教育不仅应教会人“何以为生”的知识和本领，还要使人懂得“为何而生”的意义和价值。对于大学生而言，需要明确“学习为了什么”。大学不是单纯的“职业培训场”，而是学习知识、锻炼技能、培养道德、提升人格的殿堂，这就需要我们弄清“在大学应学什么”。大学教育训练的不是我们的智商，而是我们的智慧，这就需要我们掌握“如何学习”。学会学习、掌握学习的真谛，对大学生一生的发展将会产生积极而深远的影响。

【案例二】俞敏洪在北大校庆上的讲话（节选）

北大是改变了我一生的地方，是提升了我自己的地方，使我从一个农村孩子最后走向了世界的地方。毫不夸张地说，没有北大，肯定就没有我的今天。北大给我留下了一连串美好的回忆，大概也留下了一连串的痛苦。正是在美好和痛苦中间，在挫折、挣扎和进步中间，最后找到了自我，开始为自己、为家庭、为社会能做一点事情。

学生生活是非常美好的，有很多美好的回忆。我还记得我们班有一个男生，每天都在女生的宿舍楼下拉小提琴，（笑声）希望能够引起女生的注意，结果后来被女生扔了水瓶子。我还记得我自己为了吸引女生的注意，每到寒假和暑假都帮着女生扛包。（笑声、掌声）后来我发现那个女生有男朋友，（笑声）我就问她为什么还要让我扛包，她说为了让男朋友休息一下（笑声、掌声）。我也记得刚进北大的时候我不会讲普通话，全班同学第一次开班会的时候互相介绍，我站起来自我介绍了一番，结果我们的班长站起来跟我说："俞敏洪你能不能不讲日语?"（笑声）我后来用了整整一年时间，拿着收音机在北大的树林中模仿广播台的播音，但是到今天普通话还依然讲得不好。

人的进步可能是一辈子的事情。在北大是我们生活的一个开始，而不是结束。有很多事情特别让人感动。比如说，我们很有幸见过朱光潜教授。在他最后的日子里，是我们班的同学每天轮流推着轮椅在北大陪他一起散步。（掌声）每当我推着轮椅的时候，我心中就充满了对朱光潜教授的崇拜，一种神圣感油然而生。所以，我在大学看书最多的领域是美学。因为他写了一本《西方美学史》，是我进大学以后读的第二本书。为什么是第二本呢？因为第一本是这样来的，我进北大以后走进宿舍，我有个同学已经在宿舍。那个同学躺在床上看一本书，叫作《第三帝国的兴亡》。我就问了他一句话："在大学还要读这种书吗?"他把眼睛从书上移开，看了我一眼，没理我，继续读他的书。这一眼一直留在我心中。我知道进了北大不仅仅是来学专业的，还要读大量的书，你才能够有资格把自己叫作北大的学生。（掌声）所以我在北大读的第一本书就是《第三帝国的兴亡》，而且读了三遍。后来我就去找这个同学，我说："咱们聊聊《第三帝国的兴亡》"，他说："我已经忘了。"（笑声）我也记得我的导师李赋宁教授，原来是北大英语系的主任，他给我们上《新概念英语》第四册的时候，每次都把板书写得非常完整、非常美丽。永远都是从黑板的左上角写起，等到下课铃响起的时候，刚好写到右下角结束。（掌声）我还记得我的英国文学史的老师罗经国教授。我在北大最后一年由于心情不好，导致考试不及格。我找到罗教授说："这门课如果我不及格就毕不了业。"罗教授说："我可以给你一个及格的分数，但是请你记住了，未来你一定要做出值得我给你分数的事业。”（掌声）所以，北大老师的宽容、学识、奔放、自由，让我们真正能够成为北大的学生，真正能够得到北大的精神。当我听说许智宏校长对学生唱《隐形的翅膀》的时候，我打开视频，感动得热泪盈眶，因为我觉得北大的校长就应该是这样的。（掌声）

我记得自己在北大的时候有很多的苦闷。一是普通话不好，二是英语水平一塌糊涂。尽管我高考经过三年的努力考到了北大——因为我落榜了两次，最后一次很意外地考进了北大。我从来没有想过北大是我能够上学的地方，她是我心中一块圣地，觉得永远够不着。但是那一年，第三年考试时我的高考分数超过了北大录取分数线七分，我终于下定决心咬牙切齿填了“北京大学”四个字。我知道一定会有很多人比我分数高，我认为自己是不会被录取的。没想到北大的招生老师非常富有眼光，料到了30年后我的今天。（掌声）但是实际上我的英语水平很差，在农村既不会听也不会说，只会背语法和单词。我们班分班的时候，50个同学分成3个班，因为我的英语考试分数不错，就被分到了A班，但是一个月以后，我就被调到了C班。C班叫作“语音语调及听力障碍班”。（笑声）

我也记得自己进北大以前连《红楼梦》都没有读过，所以看到同学们一本一本书在读，我拼命地追赶。结果我在大学差不多读了800多本书，用了5年时间（掌声）。但是依然没有赶超上我那些同学。我记得我的班长王强是一个书痴，现在他也在新东方，是新东方教育研究院的院长。他每次买书我就跟着他去，当时北大给我们每个月发20多元生活费，王强有个癖好就是把生活费一分为二，一半用来买书，一半用来买饭菜票。买书的钱绝不动用来买饭菜票。如果他没有饭菜票了就到处借，借不到就到处偷。（笑声）后来我发现他这个习惯很好，我也把我的生活费一分为二，一半用来买书，一半用来买饭菜票，饭菜票吃完了我就偷他的。（笑声，掌声）毫不夸张地说，我们班的同学当时在北大，真是属于读书最多的班之一。而且我们班当时非常的活跃，光诗人就出了好几个。

记得我在北大的时候，到大学四年级毕业时，我的成绩依然排在全班最后几名。但是，当时我已经有了一个良好的心态。我知道我在聪明上比不过我的同学，但是我有一种能力，就是持续不断地努力。所以在我们班的毕业典礼上我说了这么一段话，到现在我的同学还能记得，我说：“大家都获得了优异的成绩，我是我们班的落后同学。但是我想让同学们放心，我决不放弃。你们5年干成的事情我干10年，你们10年干成的我干20年，你们20年干成的我干40年”。（掌声）我对他们说：“如果实在不行，我会保持心情愉快、身体健康，到

八十岁以后把你们送走了我再走。”（笑声掌声）

有一个故事说，能够到达金字塔顶端的只有两种动物，一是雄鹰，靠自己的天赋和翅膀飞了上去。我们这儿有很多雄鹰式的人物，很多同学学习不需要太努力就能达到高峰。很多同学后来可能很轻松地就能在北大毕业以后进入哈佛、耶鲁、牛津、剑桥这样的名牌大学继续深造。有很多同学身上充满了天赋，不需要学习就有这样的才能，比如说我刚才提到的我的班长王强，他的模仿能力就是超群的，到任何一个地方，听任何一句话，听一遍模仿出来的绝对不会两样。所以他在北大广播站当播音员当了整整四年。我每天听着他的声音，心头咬牙切齿充满仇恨。（笑声）所以，有天赋的人就像雄鹰。但是，大家也都知道，有另外一种动物，也到了金字塔的顶端。那就是蜗牛。蜗牛肯定只能是爬上去。从底下爬到上面可能要一个月、两个月，甚至一年、两年。在金字塔顶端，人们确实找到了蜗牛的痕迹。我相信蜗牛绝对不会一帆风顺地爬上去，一定会掉下来、再爬、掉下来、再爬。但是，同学们所要知道的是，蜗牛只要爬到金字塔顶端，它眼中所看到的世界、它收获的成就，跟雄鹰就是一模一样的。（掌声）所以，也许我们在座的同学有的是雄鹰，有的是蜗牛。我在北大的时候，包括到今天为止，我一直认为我是一只蜗牛。但是我一直在爬，也许还没有爬到金字塔的顶端。但是只要你在爬，就足以给自己留下令生命感动的日子。（掌声）

我常常跟同学们说，如果你的生命不为自己留下一些让自己热泪盈眶的日子，你的生命就是白过的。我们很多同学凭着优异的成绩进入了北大，但是北大绝不是你们学习的终点，而是你们生命的起点。在 1 岁到 18 岁的岁月中间，你听老师的话、听父母的话，现在你真正开始了自己的独立生活。我们必须为自己创造一些让自己感动的日子，才能够感动别人。我们这儿有富裕家庭来的，也有贫困家庭来的。生命的起点由不得你选择出生在富裕家庭还是贫困家庭，如果你生在贫困家庭，你不能说老爸给我收回去，我不想在这里待着。但是我们生命的终点是由我们自己选择的。我们所有在座的同学过去都走得很好，已经在 18 岁的年龄走到了很多中国孩子的前面去，因为北大是中国的骄傲，也可以说是世界的骄傲。但是，到北大并不意味着你从此大功告成，并不意味着你未来的路也能走好，后面的 50 年、60 年，甚至 100 年你该怎么走，成为每一个同学都要思考的问题。就本人而言，我觉得只要有两样东西在心中，我们就能成就自己的人生。

第一样叫作理想。我从小就有一种感觉，希望穿越地平线走向远方，我把它叫作“穿越地平线的渴望”。也正是因为这种强烈的渴望，使我有勇气不断地高考。当然，我生命中也有榜样。比如我有一个邻居，非常的有名，是我终生的榜样，他的名字叫徐霞客。当然，是五百年前的邻居。但是他确实是我的邻居，江苏江阴的，我也是江苏江阴的。因为崇拜徐霞客，直接导致我在高考的时候地理成绩考了97分。（掌声）也是徐霞客给我带来了穿越地平线的这种感觉，所以我也下定决心，如果徐霞客走遍了中国，我就要走遍世界。而我现在正在实现自己这一梦想。所以，只要你心中有理想、有志向，同学们，你终将走向成功。你所要做到的就是在这个过程要有艰苦奋斗、忍受挫折和失败的能力，要不断地把自己的心胸扩大，才能够把事情做得更好。第二样东西叫良心。什么叫良心呢？就是要做好事，要做对得起自己对得起别人的事情，要有和别人分享的姿态，要有愿意为别人服务的精神。有良心的人会从你具体的生活中间做的事情体现出来，而且你所做的事情一定对你未来的生命产生影响。我来讲两个小故事，讲完我就结束我的讲话，已经占用了很长的时间。

第一个小故事。有一个企业家和我讲起他大学时候的一个故事，他们班有一个同学，家庭比较富有，每个礼拜都会带六个苹果到学校来。宿舍里的同学以为是一人一个，结果他是自己一天吃一个。尽管苹果是他的，不给你也不能抢，但是从此同学留下一个印象，就是这个孩子太自私。后来这个企业家做成功了事情，而那个吃苹果的同学还没有取得成功，就希望加入这个企业家的队伍里来。但后来大家一商量，说不能让他加盟，原因很简单，因为在大学的时候他从来没有体现过分享精神。所以，对同学们来说在大学时代的第一个要点，你得跟同学们分享你所拥有的东西，感情、思想、财富，哪怕是一个苹果也可以分成六瓣大家一起吃。（掌声）因为你要知道，这样做你将来能得到更多，你的付出永远不会是白白付出的。我再来讲一下我自己的故事。在北大当学生的时候，我一直比较具备为同学服务的精神。我这个人成绩一直不怎么样，但我从小就热爱劳动，我希望通过勤奋的劳动来引起老师和同学的注意，所以我从小学一年级就一直打扫教室卫生。到了北大以后我养成了一个良好的习惯，每天为宿舍打扫卫生，这一打扫就打扫了4年。所以我们宿舍从来没排过卫生值日表。另外，我每天都拎着宿舍的水壶去给同学打水，把它当作一种体育锻炼。大家看我打水习惯了，最后还产生这样一种情况，有的时候我忘了打水，同学就说“俞敏洪怎么还不去打水”。（笑声）。但是我并不觉得打水是一件多么吃亏的事情。因为大家都是同学，互相帮助是理所当然的。同学们一定认为我这件事情白做了。又过了10年，到了1995年年底的时候新东方做到了一定规模，我希望找合作者，结果就跑到了美国和加拿大去寻找我的那些同学，他们在大学的时候都是我生命的榜样，包括刚才讲到的王强老师等。我为了诱惑他们回来还带了一大把美元，每天在美国非常大方地花钱，想让他们知道在中国也能赚钱。我想大概这样就能让他们回来。后来他们回来了，但是给了我一个十分意外的理由。他们说："俞敏洪，我们回去是冲着你过去为我们打了 4 年水。"（掌声）他们说："我们知道，你有这样的一种精神，所以你有饭吃肯定不会给我们粥喝，所以让我们一起回中国，共同干新东方吧。"才有了新东方的今天。（掌声）

人的一生是奋斗的一生，但是有的人一生过得很伟大，有的人一生过得很琐碎。如果我们有一个伟大的理想，有一颗善良的心，我们一定能把很多琐碎的日子堆砌起来，变成一个伟大的生命。但是如果你每天庸庸碌碌，没有理想，从此停止进步，那未来你一辈子的日子堆积起来将永远是一堆琐碎。所以，我希望所有的同学能把自己每天平凡的日子堆砌成伟大的人生。（掌声）

（资料来源：百度文库）

案例点评：

同学们应思考一下俞敏洪的成功关键因素是什么。**"俞敏洪，我们回去是冲着你过去为我们打了四年水。""我们知道，你有这样的一种精神，所以你有饭吃肯定不会给我们粥喝，所以让我们一起回中国，共同干新东方吧。"**奉献、分享、舍得、合作等这些优秀的品质在俞敏洪身上表现得特别突出，为他创业成功奠定了良好的基础。

【案例三】让灵魂永远保持站姿

刘默涵的故事在北大学生中广为流传——这位来自河北无极县农村贫困家庭的历史系三年级本科生，创立了用自己名字命名的助学基金，一年多来已帮助了 37 个贫困家庭的孩子上学。

刘默涵在贫困中顽强自立的精神感动着同学们，她的经历也引发了诸多思考：贫富不同的出身差异能在多大程度上决定一个人的命运？如何在贫穷中保持心灵的富有？如何使卑微的人生变得博大……

一个"实在不得了"的学生

刘默涵的老乡、北大计算机系学生马秀娟说刘默涵"实在不得了"！

马秀娟说："默涵很有主意，特别能闯。"虽然身高只有 1.57 米，却能够在全校学生运动会上拿到 5 000 米长跑第 6 名；她勤奋好学，常受到老师们的称赞；在繁忙的学习、打工之余，她还担任了北大阳光志愿者协会的会长。

与刘默涵住同一个宿舍的樊华对她非常佩服："我们后来才知道她家里特别困难。她一个柔弱的女孩，却一声不吭，自己扛过去了，根本没让我们察觉到有什么异常。"

同学们说刘默涵"特牛"：靠勤工俭学，不仅完全养活了自己，承担了母亲和妹妹的生活费用，还资助了那么多穷孩子上学。叹服之余，很多人困惑："她是怎么做到的?"

"你可以做最幸福的一个!"

谁能想到，刘默涵曾经是一个被中学开除的"坏学生"。

刘默涵12岁那年，父亲暴病去世，剩下她与常年卧病在床的母亲和年幼的妹妹相依为命。从此，贫穷和饥饿像影子那样不离左右。上初中时，因为没能按时凑够学费，刘默涵与老师发生口角，被学校开除了。病弱的母亲四处奔波，刘默涵终于在另一所中学复学了，但一向性情温柔的她变得沉默、尖锐，像只刺猬，动辄便向他人发起攻击。

"如果不是遇到丁老师，当时已经厌学的我根本考不上大学，更重要的是，很可能仍然在仇恨和怨怼中挣扎。"提到新初中的班主任丁俊芬老师，刘默涵心中就充满感激之情。

当丁老师了解了这个女孩的辛酸生活经历，动情了："那么小就失去父亲太可怜了，被学校开除对她的打击太大了。对于贫困和心理有问题的孩子，做老师的应该付出更多心血。"

丁老师决心为孩子重塑自信。刘默涵说她一辈子都不会忘记丁老师那改变了她人生的话："这个世界上比你苦的人有很多，你永远都不是最苦的那一个；但是通过努力，你可以做最幸福的一个!"

丁老师鼓励同学们同刘默涵交往；说服学校减免了刘默涵每年数百元的学费，却一直没告诉她，"我觉得贫困孩子的精神压力很大，做老师的应该特别注意保护他们脆弱的心灵。"

心里的恨淡了，刘默涵爱上了学校生活，学习变得很有劲头。她的成绩突飞猛进，两年后，她考上县里最好的高中，荣获了全县演讲比赛大奖，担任了学生干部。开朗的笑容开始挂在了她的脸上。

"自尊、自信对于在贫困和苦闷中挣扎的人来说太重要了。"刘默涵说，在她"溺水"的刹那，是丁老师递来了爱的"救生圈"。

"生活苦不是放弃的理由"

2003年，19岁的刘默涵考上了北大，这个天大的喜讯，却成了对她的严峻考验。母亲说："把房子卖了吧，说什么我也要供你读大学。"刘默涵抹着眼泪坚决反对。

关键时刻，一双双援助之手从四面八方伸出：河北省福利彩票中心向她捐助了3 000元，左邻右舍和亲戚朋友们从自己本不宽裕的收入中拿出一大堆各种面值的零钞。数千元学费奇迹般地凑齐了。

到学校的第二个月，刘默涵便在学姐的帮助下找了一份家教工作。她开始了边上学边打工的生活。刘默涵教学生特别认真，花很长时间备课，还常常超时传授学习方法。她成了家教中心最抢手的小老师，最多的时候，同时兼三份家教。

为了省钱，刘默涵“规定”自己一天只吃 3 元钱的饭菜。她利用周末到博物馆做解说员，晚上顾不上回宿舍又匆匆赶去做家教。冬天，骑车返回的路上，凛冽的寒风打在脸上，灌进衣服里，胃也饿得直痛。她流着泪告诉自己，生活苦不是放弃的理由。

樊华说：“她让我有着一份敬畏和一份心疼。很少听她抱怨什么，和她在一起却能感受到强大的精神能量。”

刘默涵不仅完全解决了自己上学的费用，还每年带回 1 500 元供家用，并给妹妹攒够了上大学第一年的学费。放假回家成了她最骄傲的节日——见面通常是辉煌的“颁奖典礼”。当舅舅用粗糙的大手接过她用打工钱买的豆浆机时，稳重、刚强的庄稼汉哭了。

让心灵走出贫困

北京大学助学工作办公室主任杨爱民说，贫困群体往往要面临比富裕群体更多的挫折感。“刘默涵的经历最令人深思的是：在被不幸击中时，灵魂如何保持站立的姿势；在走出物质贫困的同时，如何让心灵也走出贫困?”

人们对于自强自立的品格总是怀有真诚的敬意和爱护。女同学说穿着朴素的刘默涵是《大长今》李英爱那样的“氧气美女”，不靠外包装；而相识的男同学对她比对那些外表更加漂亮的女生还要热情、礼貌。

马秀娟说：“刘默涵最吸引人的地方是她的善良和永远为别人着想。她自己受过苦，所以特别不希望别人也受苦。”

家境优裕的北京女孩樊华说：“像刘默涵这样的朋友特别值得珍视，她让我看世界有了新的眼光。”

“眼前的天地变得很宽、很大”

2005 年寒假回家，刘默涵在无极县中学的大力支持下，通过办学习班筹到了 4 110 元，为 14 名家境贫困的高中生分别发放了 100 元、200 元不等的助学金。这次行动成为“默涵助学金”的发端。

当地媒体报道了这件事后，刘默涵接到了千余条手机短信和 100 多个电话。很多人表示要直接捐助刘默涵本人。一位女士在电话里说：“默涵，我不想让你这样的好孩子太苦自己，我希望你能过得轻松点。”

刘默涵说：“他们的好意常常感动得我直想哭，可我不能接受。”她婉言说服人们将善款投入“默涵助学金”上。

迄今，她用“默涵助学金”筹到的 12 700 元资助了 37 名同学，同时还为 4

位同学找到了长期资助人。

“默涵助学金”的影响越来越大，许多企业与刘默涵接洽参与助学金。她感到了前所未有的压力：“我连一个合格的合同都不会写，如何与企业合作，使基金长期维持下去呢?”她认识到，个人是渺小的，要做好这件事情应该依靠一个成熟的团队。于是，她加入了北大阳光志愿者协会，“默涵助学金”也成为协会的重要执行项目。

对于捐款、资助，刘默涵也有了深一层的认识。她说，我能给贫困孩子们的经济帮助很有限，而重要的是，这会让他们感到温暖，感到并不孤独。我还希望通过这个行动告诉家境贫寒的弟弟妹妹们，他们的今天就是默涵的昨天，只要努力，他们就能像今天的我一样，过上有希望的生活。

自立，并能帮助他人是一种什么样的感觉?刘默涵回答：“就是压抑了很久的心突然明亮了，觉得终于能站直了，眼前的天地变得很宽、很大。”

（资料来源：百度文库）

案例点评：

同学们应思考一下刘默涵成功的关键因素是什么。**“默涵最吸引人的地方是她的善良和永远为别人着想。她自己受过苦，所以特别不希望别人也受苦。”**刘默涵因为懂得了善良，所以学会了爱，于是她的灵魂得以站立，自己活成了一束光，温暖了更多的人，成为一个高贵的人。

【案例四】高某诉上海某高校不授予学位案

高某系上海某大学本科生，因在考试中作弊，被学校给予行政记过处分，该门课程成绩无效。学校学位评定委员会因此决定对高某不授予学士学位。高某不服，向人民法院提起行政诉讼。人民法院经审理认为，高某因考试作弊被取消课程成绩，其行为不符合授予学士学位的规定，被告学校学位评定委员会不授予高某学位，符合国家法律法规和学校的规定，遂判决驳回高某的诉讼请求。

案例点评：

诚实信用，是社会主义社会的重要核心价值，也是中华民族的优秀道德传统。对每一个人而言，诚信乃立身之本。本案原告高某作为在校大学生，是国家的未来建设者，在考试中作弊，不仅违背诚信原则，更违反了国家法律法规和学校的规定，学校对其做出不授予学位的处理，人民法院依法予以支持。

[法律指引]

《中华人民共和国刑法》

第二百八十四条　在法律规定的国家考试中，组织作弊的，处三年以下有期徒刑或者拘役，并处或单处罚金；情节严重的，处三年以上七年以下有期徒刑，并处罚金。

为他人实施前款犯罪提供作弊器材或者其他帮助的，依照前款的规定处罚。

为实施考试作弊行为，向他人非法出售或者提供第一款规定的考试的试题、答案的，依照第一款的规定处罚。

代替他人或者让他人代替自己参加第一款规定的考试的，处拘役或者管制，并处或者单处罚金。

《中华人民共和国学位条例》

第八条　学士学位，由国务院授权的高等学校授予；硕士学位、博士学位，由国务院授权的高等学校和科学研究机构授予。

授予学位的高等学校和科学研究机构及其可以授予学位的学科名单，由国务院学位委员会提出，经国务院批准公布。

《普通高等学校学生管理规定》

第十六条　学生严重违反考核纪律或者作弊的，该课程考核成绩记为无效，并由学校视其违纪或者作弊情节，给予批评教育和相应的纪律处分。给予留校察看及以下处分的，经教育表现较好，在毕业前对该课程可以给予补考或者重修机会。

（资料来源：黑龙江七台河中级人民法院网——案件快报 2019. 6. 4）

【实践教学设计】

【项目一】课堂讨论——我们为什么要上大学

［实践目的］

通过讨论，让每一个大学生明白，大学阶段是人生发展的重要时期，是世界观、人生观、价值观形成的关键时期。因此，作为新时代的大学生在努力提升自己文化素质的同时，更应该提高自己的道德素养。

［方案建议］

1. 讨论应围绕“社会价值观多元化的今天是否还有必要读大学”“大学的意义是什么”“大学生应具备何种素质”“大学应如何度过”等问题展开。

2. 采取学生主动发言与教师指定同学发言相结合的方式。教师对每一位同学的发言情况如实记录，并鼓励同学们积极参与课堂讨论。

3. 教师对每一位同学的发言进行引导性点评，对发言质量较高的同学当众给予表扬计分。

【项目二】大学规划——我的大学生活

［实践目的］

在完成项目一“课堂讨论——我们为什么要上大学”的基础上，充分认识到大学阶段是人生发展的重要时期，是世界观、人生观、价值观形成的关键时期，认真分析自己、认识自己，拟定自己在大学期间的学习和生活等目标，以及实现目标的具体措施，完成一份大学规划书。

［方案建议］

1. 在学习和生活目标的制定上应该注意多元和多层化，避免单一和简单化。比如学习目标可包括学业目标、职业目标、技能目标、阅读目标等，生活目标可包括健身目标、兴趣目标、卫生目标、饮食目标、经济目标等。

2. 在实现目标的具体措施上应该注意措施的可行性、针对性等常见问题，避免尢的放矢，让大学规划成为一纸空谈。

【项目三】历史回顾——中华人民共和国成立70年中国的变化

［实践目的］

回顾并了解中华人民共和国成立70年的光辉历程，有利于培养熏陶大学生的家国情怀。

［方案建议］

1. 教师要做到及时搜集央视为庆祝新中国成立70年所做的各类最新的视频资料，让学生们及时学习观看。

2. 学生们每次学习观看之后，教师应该及时组织指导学生交流学习心得，增强学习效果。

【项目四】主题演讲——实现强国梦，你我都有责

［实践目的］

在完成项目三“回顾历史——新中国成立70年中国的变化”的基础上，引导大学生把自己的人生与国家和民族的命运结合起来，努力成为勇于担当民族复兴大任的时代新人。

［方案建议］

1. 建议以寝室为单位建立学习小组，这样有利于相互交流和学习，有利于调动学生的集体荣誉感。

2. 每位学生都要上交自己的演讲纸质稿，避免个别学生偷懒。

3. 教师要全程参与并及时点评和指导，保证演讲的活动效果。

【影视鉴赏】

影片《弱点》

内容简介：

黑人男孩奥赫自幼父母离异，无家可归。不过，木讷的他却因为极强的身体条件和运动天赋，幸运地进入了一家孤儿院。虽然，他科科零分，但是一些细节却让他显得与众不同。一次排球比赛后，他主动收拾垃圾的行为，引起了陶西一家的注意。于是，陶西太太决定收养奥赫，并把他培养成橄榄球选手。陶西太太让他感受到了家庭的温暖。同时，陶西的儿子还帮助奥赫训练，使他很快地融入了橄榄球队的生活，不断激发运动的潜能。终于，在一次比赛中，他因出色的表现崭露头角，开始获得了球探的关注，随之带来了一系列的甜蜜和麻烦……

请同学们到网上下载本视频观看并准备课堂讨论发言。

【延伸阅读】

青春不辜负新时代

习近平总书记在纪念五四运动100周年大会上的重要讲话中鲜明指出，五四运动“是中国旧民主主义革命走向新民主主义革命的转折点，在近代以来中华民族追求民族独立和发展进步的历史进程中具有里程碑意义”“新时代中国青年要继续发扬五四精神，以实现中华民族伟大复兴为己任，不辜负党的期望、人民期待、民族重托，不辜负我们这个伟大时代”。习近平总书记高度评价五四运动的历史性质和巨大进步意义，明确提出新时代发扬五四精神的根本要求，为激励全党全国各族人民特别是新时代中国青年在民族复兴的道路上追梦圆梦，注入了新时代的澎湃伟力。

北京沙滩，五四大街29号，静静地矗立着一座“凹”字形的砖木建筑。这座1918年落成的建筑，是当时北京大学的办公大楼，因其主体为红色，故得名“红楼”。一百年前的5月4日，热血沸腾的北大学生从这里出发，汇聚到磅礴奔涌的五四运动洪流中，在黑夜沉沉的中国引爆响彻云霄的春雷，壮丽激昂的青春之歌成为新民主主义革命的庄严序曲。

初心如磐志不渝，百年风华正青春。“五四”百年之际，红楼游人如织、络绎不绝。这座当年北京城极富现代气息的建筑，芳华不老，更富神韵，在人们心中耸立起一座精神丰碑。这里的一砖一瓦、一草一木，都在诉说100年前风云激荡的峥嵘岁月，都在讲述中国共产党人为民族谋复兴、为人民谋幸福的初心使命和奋斗求索。今天的青年啊，牢记这一切，就如远行的游子，忘不了母亲深情的叮咛。

五四运动对于中华民族究竟意味着什么？站立在新时代的峰峦，透过岁月的风雨，回望来时的道路，才能更加清晰地认识历史、洞悉真理。

历史是最好的老师，从历史的轨迹中，可以把握走向光辉未来的规律。“五四”凝眸，从1919年的春天出发，中国人民选择了中国共产党，选择了社会主义道路，中国共产党团结带领人民浴血奋斗，闯出“农村包围城市，武装夺取政权”的革命之路，独立自主艰辛探索社会主义建设之路，矢志创新开启改革开放之路，豪情满怀走进中国特色社会主义新时代，铸成惊天地、泣鬼神的不朽传奇，铺就领航民族伟大复兴的人间正道。近代以来，封建制度腐朽衰败，帝国主义列强轮番入侵，人民倒悬、山河破碎、神州陆沉。太平天国运动、戊戌维新、辛亥革命……为了救亡图存，无数仁人志士不懈奋斗，“无量头颅无量血，可怜购得假共和”，都无法完成救亡图存的民族使命和反帝反封建的历史任务。青年毛泽东一句“山穷水尽诸路皆走不通”，道尽“索我理想之中华”的苦难历程。

莽莽中国，已倒之狂澜待挽；茫茫华夏，中流之砥柱伊谁？十月革命一声炮响，为中国送来了马克思列宁主义。五四运动以彻底反帝反封建的革命性、追求救国强国真理的进步性、各族各界群众积极参与的广泛性，让无数先进分子为了共同的信仰走到一起。两年后中国共产党正式宣告成立，掀开了中国历史崭新一页。党团结带领人民经过长期奋斗，进行新民主主义革命和社会主义革命，艰辛探索社会主义建设，实现了中华民族从东亚病夫到站起来的伟大飞跃。改革开放以来，党团结带领人民进行建设中国特色社会主义的伟大实践，中国大踏步赶上了时代，实现了中华民族从站起来到富起来的伟大飞跃。

“任重而道远者，不择地而息。”党的十八大以来，在以习近平同志为核心的党中央坚强领导下，在习近平新时代中国特色社会主义思想科学指引下，新时代中国共产党人团结带领人民进行伟大斗争、建设伟大工程、推进伟大事业、实现伟大梦想，推动党和国家事业取得全方位、开创性历史成就，发生深层次、根本性历史变革，中华民族迎来了从富起来到强起来的伟大飞跃，在中华民族发展史、人类社会发展史上谱写了又一个划时代的新篇章。习近平总书记是新时代“中国号”巨轮的领航人和掌舵者。

“恰同学少年，风华正茂。”中国共产党从来都把青年作为党和人民事业发展的生力军，从来都支持青年在人民的伟大奋斗中实现自己的人生理想。烽火连天的革命岁月，广大青年满怀革命理想，为争取民族独立、人民解放冲锋陷阵、抛洒热血。热火朝天的建设年代，广大青年响应党的号召，向困难进军、向荒原进军，在广阔天地忘我劳动、艰苦创业。波澜壮阔的改革时期，广大青年发出团结起来、振兴中华的时代强音，为祖国繁荣富强开拓创新、锐意进取。新时代中国青年运动的主题、新时代中国青年运动的方向、新时代中国青年的使命，就是习近平总书记号召的，“坚持中国共产党领导，同人民一道，为实现‘两个一百年’奋斗目标、实现中华民族伟大复兴的中国梦而奋斗”。

历史前行的道路上，总有众多年轻而又伟岸的身躯震撼人心。1921 年，上海法租界石库门里的秘密集会，让信仰的火种，燃烧成民族复兴的绚丽日出，13 个集会者之一的毛泽东那年 28 岁；1927 年，“秋收时节暮云愁，霹雳一声暴动”，毛泽东带领革命队伍挺进井冈山，星星之火从此燎原，那年他 34 岁；1969 年，15 岁的北京知青习近平来到陕北山沟沟里的梁家河，在窑洞中、土炕上、黄土地里，劳作、读书、沉思、历练，20 岁时挑起大队党支书重担，带领乡亲们创业奋斗。

一代青年有一代青年的历史际遇，新时代中国青年处在中华民族发展的最好时期。我们的国家日益走向繁荣富强，我们的民族日益走向伟大复兴，我们的人民日益走向更加美好的生活。建成社会主义现代化强国，实现中华民族伟大复兴，是一场接力跑。朝梦想努力奔跑，青春才能亮丽；为祖国不懈奋斗，青春才能昂扬；同人民一起前进，青春才能无悔。新时代中国青年要发扬五四精神，以青春之我奋斗新时代，像习近平总书记期待的那样“跑出更好的成绩”，努力把自己的名字写在中华民族伟大复兴的光辉史册上，不辜负伟大的新时代。

以青春之我奋斗新时代，就要弘扬爱国主义。爱国主义，是五四精神的核心，是中国人民和中华民族维护民族独立和民族尊严的强大精神动力。几千年来，爱国主义一直在中华民族血脉中绵延不绝、浩荡前行，去不掉，打不破，灭不了。习近平总书记深刻指出：“当代中国，爱国主义的本质就是坚持爱国和爱党、爱社会主义高度统一。”没有共产党就没有新中国，只有社会主义才能救中国，只有中国特色社会主义才能发展中国，只有坚持和发展中国特色社会主义才能实现民族复兴。坚持爱国和爱党、爱社会主义相统一，爱国主义就更鲜活、更真实、更值得追求。新时代中国青年要把理想同祖国的前途、把人生同民族的命运紧密联系在一起，听党话、跟党走，在改造主观世界和客观世界的拼搏中建功立业。

以青春之我奋斗新时代，就要坚定理想信念。理想指引人生方向，信念决定事业成败。青年的理想信念关乎国家未来。理想远大、信念坚定，前进的动力无坚不摧；志存高远、奋发有为，扬帆的航船一往无前。习近平总书记殷切希望新时代中国青年“树立对马克思主义的信仰、对中国特色社会主义的信念、对中华民族伟大复兴中国梦的信心”。要把理想信念建立在对科学理论的理性认同上，建立在对历史规律的正确认识上，建立在对基本国情的准确把握上，永远紧跟党，高高举起中国特色社会主义伟大旗帜。到人民群众中去，到新时代新天地中去，让理想信念在创业奋斗中升华，让青春在为祖国、为人民、为民族的奉献中焕发出绚丽光彩。

以青春之我奋斗新时代，就要练就过硬本领。梦想从学习开始，事业靠本领成就。青年是苦练本领、增长才干的黄金时期。习近平总书记殷殷嘱托新时代中国青年：“珍惜韶华、不负青春，努力学习掌握科学知识，提高内在素质，锤炼过硬本领，使自己的思维视野、思想观念、认识水平跟上越来越快的时代发展。”如饥似渴学习，不断提高与时代发展和事业要求相适应的素质和能力，让勤奋学习成为青春远航的动力，让增长本领成为青春搏击的能量。到火热实践中去，在现代化建设大熔炉中、在社会的大学校里，掌握真才实学，增益其所不能，努力成为担当民族复兴大任的时代新人。

中国要兴青年必须兴，中国要强青年必须强。新时代中国青年对五四运动最好的纪念，就是更加自觉地做中国特色社会主义事业的建设者和接班人，致力于为民族、为国家、为人民创造让世界刮目相看的新的更大奇迹，以青春之我、奋斗之我，为民族复兴铺路架桥，为祖国建设添砖加瓦。

青春不负新时代，五四精神不朽，五四遗产后继有人！

（资料来源：《求是》2019/10 作者：本刊评论员）

【知识检测】

一、填空题

1. ________是我们理解当前所处历史方位的关键词。

2. 党的十九大提出了“培养担当民族复兴大任的________”的战略要求。

3. 大学生是国家宝贵的________资源。

4. 人的本质是一切________的总和。

5. 大学阶段是________发展的重要时期。

6. 站在新的历史起点上，我们比历史上任何时期都更接近________的目标。

7. 中国梦是国家的、民族的，也是________的。

8. ________和法治素养是人应该具有的基本素质。

二、选择填空题

1. 大学阶段，是人生发展的重要时期，是________、________、________形成的关键时期。

A. 世界观　　B. 人生观　　C. 价值观　　D. 道德观

2. 中国梦是________、________，也是未来的。

A. 历史的　　B. 现实的　　C. 未来的　　D. 过去的

3. 大学生应该以________、________、________为根本要求，夯实综合和素质基础。

A. 理想　　B. 本领　　C. 担当　　D. 作为

4. 有________、有________、有________、有________的人生，才是有意义的人生。

A. 信念　　B. 梦想　　C. 奋斗　　D. 奉献

5. 大学生要积极投身道德实践，做到明________、守________、严________。

A. 大德　　B. 公德　　C. 私德　　D. 明德

6. 新时代属于每一个人，每一个人都是新时代的________者、________者、________者。

A. 见证　　B. 开创　　C. 建设　　D. 参与

三、判断对错（在括号内，正确的打√，错误的打×）

1. 没有崇高的理想信念，就会导致精神上的“软骨病”。（　　）

2. 只有每个人都为美好梦想而奋斗，才能汇集起实现中国梦的磅礴力量。（　　）

3. 理想指引人生方向，信念决定事业成败。（　　）

4. 青年兴则国家兴，青年强则国家强。（　　）

5. 中华民族伟大复兴终将在广大青年的接力奋斗中变为现实。（　　）

6. 大学生的成长主要靠个人奋斗，不需要实现人的社会化。（　　）

扫描二维码查看参考答案：

第一章
人生的青春之问

【名人警句】

青年之文明，奋斗之文明也，与境遇奋斗，与时代奋斗，与经验奋斗。故青年者，人生之王，人生之春，人生之华也。

——李大钊

【学习要点】

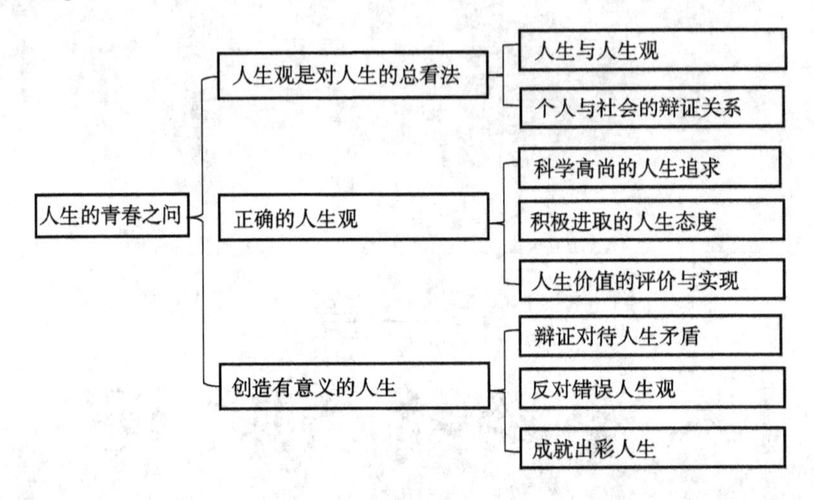

【学习目标】

通过学习，学生能够系统地掌握人生观的基本理论，科学认识“人的本质是什么”“人为什么活着”“人应该怎样生活”“怎样的人生才有意义”等问题，结合个人实际和社会现实，确立科学高尚的人生追求，保持积极进取的人生态度，成就出彩人生。

【学习重点】

1. 正确理解人生观、价值观及其关系。
2. 人生价值评价的标准、实现的方法和条件。
3. 成就出彩人生的途径。

【阅读欣赏】

人生是什么

爱因斯坦说：“人生就像骑自行车，想保持平衡就得往前走。”是的，人生就是往前走。

人生总是在苦恼中循环往复，挣扎不出：一是得不到的想得到；二是得到了又怕失去；三是总觉得别人得到的比自己得到的要多。不过最大的悲哀莫过于得到的原来不是自己真正想要的。对于人生，我们每个人都有自己的看法，但都不是很明确，或者说总是说不太清楚。其实没有谁能用几句话真正把人生说明白的，因为每个人对于人生的认识都是不同的，都有自己的侧重点。

在自然界这个复杂的环境中，我们每个人都在挣扎中撰写自己的人生。人生这本书，你愿意也好，不愿意也好，都要非写不可的，都要非读不可的，而且是非要写好、读好不可的。

人生在世，短短的几十年，如果你把好的事记住，坏的事忘掉，那么你这辈子将会快快乐乐地过完。

人生的道路上有许多坎坷，如果你选择面对，你就成功了；如果你选择回避，那么你就失败了。

人生的路上，你要学会珍惜，珍惜美好的一切，因为当你一旦失去时，你将会追悔莫及。

人生最重要的不是我们置身何处，而是我们将前往何处。

人生有些事，错过一时，就错过一世。

人生总有许多偶然和巧合，两条平行线，也可能会有交汇的一天。人生又有许多意外和错过，握在手里的风筝，也会突然断了线。

要铭记在心：每天都是一年中最美好的日子。

把脸一直向着阳光，这样就不会见到阴影。

世界上最永恒的幸福就是平凡，人生中最长久的拥有就是珍惜。

有时要改变的不是别人，也不是环境，而是你自己。

世界上没有办不到的事，除非你选择放弃。

人做事情岂能尽如人意，但求无愧于心就可以了。

以感恩的心态面对一切，包括失败，你会发现，人生其实很精彩。

每一种选择都有不同的结局，就如走不同的路就会有不同的风景。所以，如果想看灿烂的风景，不妨沉思片刻再做选择。

世界上有两种人：索取者和给予者。前者也许能吃得更好，但后者绝对能睡得更香。

倘若有一万个人，一字排开，只有勇于向前跨一步的人，才能有机会被赏识。事实上，向前跨出一步并不难，难的是你是否有勇气走出自己。

不要想得太多，简单的心一旦复杂起来，幸福和快乐就会离我们而去。

有理想在的地方，地狱就是天堂；有希望在的地方，痛苦也会成为欢乐。

人生重要的不是所站的位置，而是所朝的方向。

获取幸福的不二法门是珍视你所拥有的，并遗忘你所没有的。

用最少的悔恨面对过去，用最少的浪费面对现在，用最多的梦面对未来。

如果你想拥有完美无瑕的友谊，可能一辈子找不到朋友。有一种缘，放手后成为风景；有一颗心，坚持中方显真诚。

爱其实是一种习惯，你习惯生活中有他，他习惯生活中有你。拥有的时候不觉得什么，一旦失去，却仿佛失去了所有。在对的时间，遇见对的人，是一生幸福；在对的时间，遇见错的人，是一场心伤；在错的时间，遇见错的人，是一段荒唐；在错的时间，遇见对的人，是一阵叹息。

你改变不了环境，但你可以改变自己；你改变不了事实，但你可以改变态度；你改变不了过去，但你可以改变现在；你不能控制他人，但你可以掌握自己；你不能预知明天，但你可以把握今天；你不可以样样顺利，但你可以事事尽心；你不能延伸生命的长度，但你可以决定生命的宽度；你也可以用恨失去全世界，你也可以用爱得到全世界。

其实，人生是什么并不重要，重要的是我们对人生的态度。在繁忙中，在喧嚣中，在寂寞中，在困苦中，在得失中，在成败中，在欢愉中，在幸福中，每天拿出一些时间来静静地梳理一下我们的人生，我们会发觉：哦，人生是这样的。

（资料来源：莫凡．感悟人生全集［M］．北京：中国妇女出版社，2008．）

【学习案例】

【案例一】失聪女孩逐梦清华，用眼睛读懂人生

早晨被闹钟叫醒的声音、相遇时朋友打招呼的声音、课堂上老师讲课的声音、写字时笔尖划过书本的声音……这些在常人看来再普通不过的声响，在失聪者的世界里，仿佛都被吸进了真空。在这样的环境下，学会说话、读唇、辨别音调几乎是不可能的事情，然而一位名叫江梦南的女孩却做到了。2018 年 9 月新学期开学，这名 26 岁的女孩正式入读清华大学生命科学学院，成为一名博士研究生，她坚忍求学的故事也打动了清华园内外许多人。

1992 年，江梦南出生在湖南省宜章县的一个瑶族教师家庭。半岁时，高烧一周不退，命运跟她开了一个残酷的玩笑：她被诊断为无听力，系极重度神经性耳聋。一家一家医院走，一遍又一遍检查，同样的结果。医生告诉她父母，目前全世界都还没办法把脑神经修补好，江梦南这辈子只能生活在无声世界里。

于是她的家人陪她开始了漫长而艰辛的康复、求学之路。有人建议去读特殊教育学校，父亲去看了聋哑学生后，不甘心，接受不了，就是不同意。

这种情况，小梦南学会说话的机会是渺茫的。绝望是什么，就是看不到未来。父亲回忆说，那时晚上睡觉，睡着了会突然坐起来，惊叫一声，满头大汗。

在放弃的边缘，闪现了一丝微光。一次，小梦南玩皮球，皮球一滚，她捡不到，就很着急，就好像“妈”这样子喊了一声。

这一声，一扫笼罩了这个家庭近一年的阴霾。既然治疗无望，父母便横下心来走言语康复这一条路。

拉住女儿的手摸父母的喉咙，摸自己的喉咙，感受发声的气流。一遍不会，就十遍；十遍不会，百遍。每一个字都要经历成千上万次的练习。渐渐地，小梦南学会看口型听懂大人的意思，学会了发声，学会了普通话，三岁上了幼儿园。

到了上小学的年龄，小梦南要看老师口型才能听课，担心跟不上，学校让推迟一年入学。小梦南的身份是旁听生，分数不计入全班成绩。

然而，小学四年级之前，江梦南的成绩一直都是班级前三名。这背后是付出的比常人十倍百倍的艰辛。假期，父母买来教材，小梦南就提前学习一遍。四年级时，她跳级升入六年级。

小学毕业时，江梦南做了一个决定，她向父母提出要像很多学习优秀的孩子一样，到离家一百多公里的郴州市上重点中学。“我知道自己需要比别的孩子更早地去适应外边的社会、外边的世界。”她说。异地求学的生活全都要靠自己，一入学，江梦南便遇到了一个“难题”：没有父母督促着起床，又听不到闹钟，她只好自己想办法。“晚上睡觉之前把手机给设置好闹钟，调成振动，一整个晚上都抓在手里。”第二天早晨，她依靠手中的振动，叫醒自己。

这个习惯从中学一直坚持到现在，“我不会松手。”她说，“有的事情可能对大家来说，是不一定必须要做到的，但是对我来说，如果这件事非常重要，就是必须要做到的。所以在这种信念下，我的手是不会松的。”凭着这股“不松手”的韧劲儿，江梦南克服了许多难题。

第一年高考成绩不理想，复读一年，第二年以 615 的高分考入吉林大学药学院，接着读吉大硕士研究生。2018 年 9 月，成为清华大学生命科学院博士研究生。

一路走来，江梦南不断创造着奇迹。英语四六级考试，因无法听见录音，在舍弃掉占总分 35% 听力分数情况下，依然顺利通过。大学期间，她连续三年获得校级奖学金，连续两年获得“东荣”奖学金，还曾获得“白求恩医学”奖学金。读硕期间，她用英文发表的论文被收录国际权威数据库《科学引文索引》，即 SCI。

案例点评：

在今天的一些青年看来，奋斗、磨炼、挫折，这些成功前的环节最好通通省略，最好自己走在大街上，能被幸运所砸中，渴望一夜成名或暴富。在江梦南的字典里从来就没有这样的梦。江梦南坚信："上帝为你关上一扇门，定会为你打开一扇窗。"人生就是一场马拉松，比拼的不仅仅是速度，更是决心和毅力。在残酷的命运挑战面前，江梦南没有沮丧和沉沦，她以顽强的毅力和恒心与疾病做斗争，经受了严峻的考验，实现了人生梦想，验证了风雨之后终见彩虹的人生道理。

【案例二】大学生网贷，害了谁?

大学生李媛媛，2017 年就读于山东大学期间，在一次意外中弄坏了朋友的手机，因为害怕父母的责备，李媛媛就准备自己解决这件事情。在手机推送的广告中，有一个分期乐的线上网贷平台。李媛媛就在该平台贷下了一个数额为 3 000元的贷款。一个月过去了，因为每个月除了生活费，没有其他收入，李媛媛就开始违约该网贷平台。然而该平台的催收员，便将这笔债务转让给了另一家公司，就是让李媛媛从其他平台上贷款，还之前的这个平台上面的钱，后来李媛媛就通过这样的方式，以贷还贷，在 55 家公司 55 个平台上演。然而原本 3 000元的贷款，在 15 个月的时间里，已经增长到了 69 万元。李媛媛在给警方的材料中，陈述了一件事情，因为逾期了一个小时借 9 000 元还 6 万无。刚开始几千元，到后来的几万元几十万元。李媛媛由于害怕，一直瞒着家人，不久就有恐吓消息出现在家人和朋友的手机上，短信内容不堪入目称：把舌头割了、腿打断、让她乞讨、还把其身份证和照片 P 成各种不雅照片，发送给朋友，亲人。看到这样的短信，李媛媛的父亲也被吓得四处筹钱，卖房卖车，然后帮女儿还掉58 万元，但是还剩下 11 万元，实在凑不到钱了。然而这一系列的恐吓和羞辱，并没有停止。最后，李媛媛和父亲来到公安局报了案。

李兴元，河北建筑工程学院排水科学与工程专业的大三学生，"95 后"。最初在网贷平台借了五六千元，还不上，后来越借越多，各种债务利滚利成了五万多。2018 年 1 月 30 日凌晨 3 点 16 分，写下最后一条朋友圈——"活着真的很累，就让我这么安安静静地死了吧，对不起我的家人，我撑不下去了，累了。"并配了一张炭在燃烧的图。当天他被发现，在学校附近的一家宾馆内死亡。

谢波，重庆合川邮电大学移通学院大一学生，2017 年 6 月 29 日凌晨给父母发了最后一条短信——"爸爸、妈妈，儿子对不起你们，我真的撑不下去了，我欠下了数万元的网络债务，我太绝望了！"几个小时后，谢波的遗体在江里被发现。

郑某，郑州市河南牧业经济学院在校大学生。21 岁的郑某从 2015 年 1 月开始买足球彩票，并下载了各种足彩 App。从最初两元开始，慢慢加大投注，变成 100 元、200 元……郑某不仅输光了生活费，还通过网络借贷平台买彩，继而冒用或请求同学帮忙借贷。经学校统计，自 2015 年开始，郑某共借用、冒用 28 名同学的身份证、学生证、家庭住址等信息，分别在诺诺镑客、人人分期、趣分期、爱学贷、优分期、闪银等 14 家网络小额贷款平台，共计贷款 58.95 万元。因债务缠身无力偿还，2016 年在山东青岛跳楼自杀。

案例点评：

大学生通过做兼职或省吃俭用攒钱消费，通过小额的合法贷款提前消费，这本不是坏事，体现了大学生独立自主、不依靠父母来消费的意识，对提升责任意识、信用意识有好处。但是，由于大学生资金有限，经济收入主要来自父母给的生活费，如果依靠生活费来还款，相当于给父母增加了经济负担。家庭条件较好的大学生或许还可以承受，但是对家庭条件困难的大学生而言，无异于雪上加霜。

不少大学生贷款主要是满足自己的超前消费需求，较少用于创业、培训、学习之类的活动，因此可能带来消费误导，助长盲目追求高端产品的风气，让原本应该比创新研究能力、比学习能力的大学变得攀比高消费成风，这种学生自身条件无法承担的非理性消费贷，害了家庭，更害了自己。

【案例三】被毒死的青春

2013 年 4 月 7 日，复旦大学附属眼耳鼻喉科医院门诊六楼第一会议室，有个人缺席。

缺席者是黄洋。

他本应该在这个晴好的初夏早晨，坐到这个会议室里，参加博士研究生复试。在近一个月前，黄洋参加并顺利通过了初试。顺利几乎来得没有任何意外。黄洋的专业成绩不仅受到同学认可，导师更对黄洋赞誉有加。但一杯清澈透明的饮用水，改变了黄洋整个生命轨迹。

2013 年 4 月 1 日早上，黄洋喝了一口寝室饮水机内的水，感觉味道有些古怪自然以为是“过期”了。心性善良的他，担心同学和他一样误喝了过期水，便把水倒掉并清洗干净了饮水机。

谁也不会想到，这一口水里，隐藏着致命毒药。上午 10 时多，黄洋开始恶心、呕吐并伴有发热。导师和同学马上把他送到复旦大学附属中山医院，当时医院初步诊断后以为是吃坏了东西，按照胃肠炎的处理方式给予输液治疗。4 月 2 日，黄洋症状却并未好转，手和脸都肿了起来。医学专业的同学见此情景都感觉到，这肯定不是吃坏了肠胃那么简单。当晚9时黄洋在同学的陪同下再去急诊，此时，化验结果显示其肝功能已出现损伤。情况变得危急起来。一小时后，黄洋的导师携带了一万多元现金赶到医院，协调安排黄洋住院治疗。4月3日，黄洋病情继续恶化，血小板开始减少，并住进了外科重症监护室。医生会诊初步认为是中毒造成了肝功能的损伤，但究竟是什么毒素，一时难以判断、无法确定，因此更无法及时对症下药。再后来，黄洋开始鼻孔出血，处于晕迷状态，对医院进行的治疗没有任何反应。陷入了晕迷的黄洋，让其父亲、导师和同学们格外揪心，因为昏迷以后，其病因仍然未明。

2013年4月9日，事件出现重要进展，黄洋的师兄孙某收到一条陌生短信，提醒注意一种化学药物。孙某收到短信后，马上将情况告诉了黄洋的导师，并查询了校内的医学论文资料，发现使用该药物后的实验室小白鼠症状与黄洋此前症状十分相似，而相关实验论文的作者正是黄洋的同寝室室友林森浩！大家立即把情况向医学院和学校领导反映，并向复旦大学保卫处、上海市公安局文保分局报了案。

随即，针对毒源，医院尽一切努力进行抢救，但由于中毒太深，一切都为时已晚。12日，医院发出了黄洋的病危通知书。13日下午，黄洋瞳孔放大。14日下午，脑电图停止，肺部纤维化，黄洋再也无法自主呼吸。16日下午3时23分，医院宣布：黄洋去世。15时30分，复旦大学附属中山医院重症监护室的门打开；16时18分左右，黄洋的遗体被包裹得严严实实，由医院工作人员抬进了太平间。

守候在外的黄洋的同学们，终难抑悲痛，抱在一起哭出声来。复旦大学通报：“我们为挽救自己的学生尽了最大的努力。家长失去爱子，学校失去宝贵学生，我们表示沉痛的哀悼!”4月17日，黄洋父母同意警方进行尸检，“希望配合警方调查，还儿子一个公道”。

上海警方接到报案后立即成立专案组开展侦查，经现场勘查和调查走访，锁定黄洋同寝室同学林森浩有重大作案嫌疑。当晚，依法对林森浩实施刑事传唤。2013年4月12日，林森浩被警方依法刑事拘留。后经警方初步查明，林森浩因生活琐事与黄洋关系不和，心存不满。据知情人透露，其实林森浩与黄洋关系不和已有一段时间，林森浩对黄洋的不满日积月累以致最后一念之差而做出疯狂举动，即于3月31日中午，将其做实验后剩余并存放在实验室内的剧毒化学品二甲基亚硝胺带至寝室，注入饮水机槽。4月1日上午，黄洋饮用饮水机中的水后出现中毒症状，后经医院救治无效于4月16日去世。

2014年2月18日，上海市第二中级人民法院对复旦投毒案进行宣判，法院认为被告人林森浩因琐事而采用投毒方法故意杀人，手段残忍，后果严重，社会危害极大，罪行极其严重，判处林森浩犯故意杀人罪，判处死刑，剥夺政治权利终身。

2015 年 12 月 11 日，上海市第二中级人民法院遵照最高人民法院院长签发的执行死刑命令，将该案罪犯林森浩执行死刑。

（资料来源：摘编自《“复旦大学医学院学生投毒案”罪犯林森浩被执行死刑》，新华网，2015 年 12 月 11 日　作者：罗洲、黄安琪）

案例点评：

每个人在社会生活中都要与他人打交道，与他人形成各种各样的关系。在与他人的交往中，由于性格、经历、文化、修养等差异的存在，因误会、不解和意见分歧而产生人际矛盾是不可避免的，这就要求大学生在思想上遵循一定的交往原则，做到平等待人、诚信友善、宽容大度、互帮互助，更要在行动上正确处理与同学之间的竞争与合作的关系，使公平竞争与友好协作相得益彰。

寝室是大学生在学校与同龄群体相处时间最多的地方，对大学生的成长和成才起着极其重要的作用，建设积极健康的大学生寝室关系是大学生日常思想政治教育中的重要内容。大学生应该明白同龄群体之间可能有不同的意见或矛盾，要学会平等、诚信、宽容、互助等与人相处之道，正确认识和处理与同学之间的竞争与合作关系。平衡心态、悦纳自己、换位思考、相互尊重、心胸开阔等，是大学生处理好人际关系的关键所在。

【案例四】16 年研发“大国重器”打破国外垄断

一小时能把一个足球场增高一米，通过近些年建造的基建工程项目，很多人见识了大型挖泥船在“疏浚造岛”方面所展示出来的威力。不过，也许并没有多少人知道，就在 2000 年以前，中国的大型挖泥船还是主要依靠从国外引进，整船设计、关键设备及相关核心技术更是被牢牢掌握在国外的两三家企业手里。而现在，仅仅是十余年后，中国不仅可以造出亚洲最大、最先进的绞吸挖泥船“天鲲号”，而且整个中国的疏浚装备正在实现从中国制造到中国创造的转变。这个转变来自数位中国船舶工程师不懈的努力，何炎平就是其中的一位。2018 年，上海交通大学船舶与海洋工程设计研究所所长何炎平被授予了“船舶设计大师”的荣誉称号。

1993 年，本科毕业后，何炎平选择了继续在本院攻读船舶与海洋结构物设计、制造专业的硕士研究生，三年后留校任教，并在 1997 年开始攻读博士研究生。从此，何炎平把自己的青春和一生献给了国家的科学发展事业。

2006 年，由何炎平带领团队设计的“天狮号”大型绞吸式挖泥船完工交付使用，是同期国内建造的最先进的大型绞吸挖泥船，一举打破了国外制造总功率在1万千瓦以上的大型、现代化绞吸式挖泥船的垄断地位，且造价仅为国外的1/2，引领了国内大型绞吸式挖泥船新潮流。何炎平告诉记者，“天狮号”采用了钢桩台车定位系统，可以浅水机械操作倒桩。

2010年交船的“天鲸号”自航绞吸挖泥船，装机功率、疏浚能力均居当时的亚洲第一、世界第三，是当时世界上最大的三艘自航绞吸挖泥船之一，技术先进性和结构复杂程度在世界同类船舶中位居前列。何炎平为设计负责人之一。

在大型绞吸挖泥船船型开发的过程中，何炎平带领团队持续引入和使用新技术、新产品和新材料，不断突破和创新，先后引入了电轴、变频、双电机驱动和超长轴驱动等技术，自2002年至今共设计了56艘绞吸挖泥船，使得上海交大占据了70%以上的绞吸挖泥船国内设计份额。何炎平本人主持或参加了近百艘船舶或海洋工程装备的设计，负责船舶总体设计、特殊作业装备开发和作业机理研究，十余型船舶或海洋平台为国内首次开发。

案例点评：

人的一生只能享受一次青春，当一个人在青年时就把自己的人生与人民的事业紧密相连后，他所创造的就是有意义的人生价值。何炎平在青年时代就认识到国家和民族赋予的历史责任和使命，自觉地与国家和民族共奋进、同发展。每个人都希望能最大限度地实现自己的人生价值，而社会实践是实现人生价值的必由之路。不是每个人都能成为杰出人物，但是只要每个人都能在自己的岗位上脚踏实地、埋头苦干，发挥聪明才智，为社会做出贡献，就可以实现自己的人生价值。

【实践教学设计】

【项目一】课堂讨论——人生价值的标准

[实践目的]

通过课堂讨论，学生能够掌握衡量人生价值的标准——个体对社会和他人所做的贡献，能够正确理解人生的自我价值和社会价值的辩证关系。小组讨论是一个合作学习的过程，可以调动学生积极主动参与的热情，组员通过脑力激荡与讨论，去寻找问题的答案或解决问题的方案，提升学生的表达能力、分析能力、批判性思维。

[方案建议]

1. 教师：布置作业并提出相关要求。

2. 学生：按分组原则成立课堂讨论小组（按异质分组原则成立课堂讨论小

组：混合不同民族、文化、性别背景的学生，有助于建立友谊，综合不同的视角，而多视角的产生可以丰富学生的思维；恰当的小组成员数，长条状、圆形、半圆弧形安排座位，以利于小组互动讨论为原则）。

3. 对问题的讨论要有明确的指引（讨论的问题要事先明确告知各组；说明讨论主题的重要性；罗列讨论的大纲；明确地引导学生搜集资料的方向；说明课堂讨论的方法、步骤与所需时间；分组讨论中，教师应适时给予各组学生引导鼓励）。

4. 讨论的方式（组员个别的思考、记录→组员讨论：分享个人的资料摘要及见解→分析所有组员的见解及资讯→归纳、整理小组重要的发现与结论→扼要记录讨论结论）。

5. 讨论流程（主题→思考→讨论→摘要→整合→结论）。

6. 课堂讨论总结。

【项目二】问卷调查——当代大学生人生观、价值观现状

［**实践目的**］

通过问卷调查，准确了解当代大学生的人生观、价值观的整体情况，对当代大学生的人生观、价值观进行评判，分析影响大学生人生观、价值观的客观原因，帮助大学生树立科学、高尚的人生观和价值观。

［**方案建议**］

1. 问卷设计与制作。

2. 动员。解读调查研究的必要性，指导被访大学生填写问卷。

3. 收回问卷，并对问卷结果进行统计。

4. 分析统计结果，总结当代大学生人生观、价值观现状。

5. 结合被访大学生的问卷回答情况，总结出什么样的人生观是正确、科学、高尚的人生观。

［**参考资料**］

大学生人生观、价值观调查问卷

为全面了解大学生人生观、价值观的总体趋势和发展方向，现做本次不记名式调查。请各位同学认真阅读每个问题，并把所选的答案写在括号内。希望您能如实、耐心填写，衷心感谢您的参与！

1. 您来自哪里？（　　）

A. 城市　　　　B. 农村

2. 您是否为独生子女？（　　）

A. 是　　B. 否

3. 促使您读大学的原因是什么？(　　)

A. 为社会发展贡献力量，实现人生价值

B. 对学习活动或学科内容感兴趣

C. 增强竞争实力，找份好工作

4. 您认为读大学对一个人的成长发展是否重要？(　　)

A. 读大学可以提高各方面的能力和素质，为日后的成功奠定基础

B. 读大学学不到什么东西，对我来说纯粹是浪费时间

C. 读不读大学并不重要，比尔·盖茨也没大学毕业

5. 您认为加强大学生人生观价值观教育有没有必要？(　　)

A. 十分有必要　　B. 一般

C. 根本没必要

6. 您认为开设思想道德修养与法律基础课有没有必要？(　　)

A. 对我们树立正确的思想价值观念大有裨益

B. 不应该开设这种课程，浪费时间

C. 开不开无所谓，反正也不是专业课

7. 您觉得以下哪一类型的人，对社会的贡献最大？(　　)

A. 博识多通，文艺才人　　B. 叱咤风云，政界要人

C. 潜心研究，科技巨人

8. 您最崇拜的人（　　）。

A. 国家领袖　　B. 明星、财富名人

C. 在某一领域独树一帜的人

9. 您觉得对您的人生观、价值观影响最大的是（　　）。

A. 思想政治课

B. 网络信息资源价值导向

C. 父母的影响

10. 您判断人生价值的标准是（　　）

A. 对社会贡献的大小　　B. 社会地位的高低

C. 金钱的多少

11. 您认为该如何实现人生价值？(　　)

A. 靠个人奋斗

B. 自己努力为主、别人帮助为辅

C. 自己努力为辅、别人帮助为主

12. 面对大学生严峻的就业形势，您认为（　　）。

A. 关键还是要靠大学生提高自身的素质和能力，适应社会需要

B. 大学生就业难是一个社会问题，应该由国家和政府来解决

C. 车到山前必有路，我现在才大一，关心就业问题为时尚早

13. 从20世纪90年代中期开始，国家开始招收大学毕业生到农村担任“村官”。您对大学生“村官计划”持（　　）态度。

A. 大学毕业生就应该扎扎实实从基层做起，有机会我也会报名参加

B. 人往高处走，水往低处流，当“村官”太没出息，我不去

C. 如果没有更好的选择，我会不情愿地报名参与“村官计划”

14. 您对诸如大学生志愿服务等社会公益性活动的态度是（　　）。

A. 我会积极参与，因为这些活动是有益于社会和他人的

B. 除非参加这些活动对我有好处，否则我就不会参加

C. 我不认为这些活动对社会和他人有多么大的积极意义，但在学校的要求下也会参加

15. 您认为人的尊严和金钱的关系是（　　）。

A. 两者都重要，但绝不以人的尊严去交换金钱

B. 金钱最重要，为了金钱可以失去尊严

C. 两者都不重要

16. 您比较赞成的消费观是（　　）。

A. 追求名牌、时尚　　　　B. 以经济实惠为准

C. 从自身实际出发

17. 据报道，在广东省珠海市读大学的某吉林省籍大学毕业生自曝四年大学花费达84万元，其中在应酬和交女友方面就分别花费了14.4万元和15万元。您对“84万哥”的这种消费行为的看法是（　　）。

A. 作为大学生，应该艰苦奋斗，奢侈消费应在道德上受到谴责

B. 我要是有这么好的家庭条件也会奢侈消费

C. 人家有钱，怎么花钱别人无权干涉和评论

18. 现在各种网络平台异常火爆，一些人通过低俗的网络炒作或表演一举成名。您对这种现象的看法是（　　）。

A. 人应该从自身实际出发，踏实工作，艰苦奋斗，实现自身价值

B. 我完全支持他们的做法，我也想不用艰苦奋斗就能成就功名

C. 他们无可厚非，人人都想出名，只不过用的手段不同罢了

19. 您对当今社会“拼爹”现象的态度是（　　）。

A. 不断提高自身的能力和素养，才是改变人生的最终依靠

B. 当今社会自己学得好、能力强和素养高，确实不如有个成功的好老爸

C. “拼爹”折射社会现实，我没有成功的老爸，将来成功可能性很小

20. 您认为在选择恋爱对象时（　　）因素最为重要。

A. 道德品质和能力

B. 只要对方的家庭条件很好，其他的并不是很重要

C. 外貌和身材好

【项目三】课堂辩论——是物质追求优先还是精神追求优先

［实践目的］

组织课堂辩论赛，在于调动学生主动参与学习的积极性，通过学生思想的碰撞和老师的引导，解决大学生关于人生目的和追求的矛盾问题，使学生在辩论的过程中深刻理解人生中物质需求和精神需求的辩证关系，帮助学生选择和追求高尚的人生目的，在服务人民、奉献社会的人生实践中完善自我、创造人生的美好价值。

［方案建议］

一、赛前准备

任课教师组织辩论，将学生分为两组，确定双方辩手，让学生针对辩题做好充分的准备工作。

二、比赛流程

1. 主席致开场词，介绍该场参赛队员及其所持立场、评判团成员，介绍评委。

2. 开篇立论开始，正反双方一辩依次进行，时间各3分钟。

3. 攻辩时间共12分钟：

正方二辩选择反方二辩或三辩进行一对一攻辩1分钟（回答2分钟以内）；

反方二辩选择正方二辩或三辩进行一对一攻辩1分钟（回答2分钟以内）；

正方三辩选择反方二辩或三辩进行一对一攻辩1分钟（回答2分钟以内）；

反方三辩选择正方二辩或三辩进行一对一攻辩1分钟（回答2分钟以内）。

4. 自由辩论20分钟，每队累计各10分钟。

自由辩论规则：

①如果一队的发言时间已经用尽，另一队还有剩余时间，则该队的辩手可以继续发言，直到该队的时间用完为止。

②自由辩论必须交替进行。当自由辩论开始时，先由正方任何一名队员起立发言。完毕后，反方的任何一位队员应立即发言，双方依次轮流发言，直到双方时间用完为止。

③在自由辩论时间里，每一位辩手的发言次序、次数和时间均不受限制。

④当一队的发言时间剩30秒钟时，将有一次提示，当该队的发言时间用完时，会有两次提示，该队应立即停止发言。

5. 反方四辩总结陈词，时间3分钟。

正方四辩总结陈词，时间3分钟。

6. 评分团进行评判、计分和统分工作。

7. 主席宣布本场比赛各队的得分情况及最后结果。

三、比赛结果

任课教师做最后总结，并对学生进行正确、积极的引导。

【项目四】观看视频——“2018年度感动中国人物颁奖盛典”

[实践目的]

每年一度的“感动中国人物”评选，被称为“中国人的年度精神史诗”。组织学生观看“2019年度感动中国人物颁奖盛典”视频，让学生写观后感，引发学生深思怎样的人生才更有意义，使学生能够从“感动中国人物”身上感受到人性的善良与美好，在今后的学习生活中向榜样学习、向先模典范学习，让感动和善良的种子在校园中播撒。

[方案建议]

1. 观看视频后，学生自主发言，谈谈自己的观后感。

2. 任课教师对学生的发言进行评价和总结，帮助学生树立正确的人生观，摒弃错误的人生观。

3. 课后学生撰写心得体会，励志学习，自觉追求崇高的人生目的，实现人生价值。

视频链接：“2018年度感动中国人物颁奖盛典”

https://www.iqiyi.com/w_19s71jcf4l.html

【影视鉴赏】

大型纪录片《劳动铸就中国梦》

内容简介：

该纪录片紧紧围绕习总书记“人民创造历史，劳动开创未来”的重要讲话精神，用电视纪录片的手法深入阐释“人世间的美好梦想，只有通过诚实劳动才能实现；发展中的各种难题，只有通过诚实劳动才能破解；生命里的一切辉煌，只有通过诚实劳动才能铸就”的深刻道理。纪录片共分六集：《劳动改变命运》《劳动创造财富》《劳动点亮智慧》《劳动提升品质》《劳动缔造幸福》《劳动彰显国魂》。该片贴近实际、贴近生活、贴近群众，用史的维度、事的角度、哲学的深度来阐释劳动，通过生动感人的故事来再现劳动的艰辛、光荣和伟大，通过深邃的思考挖掘劳动背后的价值、意义和作用。

请同学们到网上下载本纪录片观看并准备课堂讨论发言。

【延伸阅读】

边关，那些永不会逝去的热血青春

将年代作为年龄的标志性刻度是一种时尚——“00后”“90后”……然而，任何年代甚至任何年龄都不是构成青春的唯一证明。记者生涯走军营，履迹见证、笔底所写的许多新闻已经成为历史，但正如法国历史学家费弗尔所言：“历史既是关于过去的科学，也是关于现在的科学。”

有一种生活离我们很遥远，有很多情节超越了我们的想见。可无论历史的天空下如何千帆过尽，万里边关那些灿如朝霞的青春，那些激扬燃烧的热血，永远鲜亮地记载着戍边人追逐梦想的岁月风华。

青春已经融入壮丽河山

一路欲雨欲烟，走进独龙江，满眼花媚叶明，一片云青水澹。虽有万般风景在眼前，可同行的战友却缓缓地说：应该先到巴坡村看看他们。

山谷流云，天高风骤。要去的是独龙族群众称为“圣地”的地方——独龙江烈士陵园。安葬在最高处的张卜是边防部队牺牲在独龙江的第一人。

那年，这位白族小伙子在巡逻途中突发急病，虽然上级立即指示空军空投下了急救药品，可在几乎与世隔绝的独龙江，由于没有任何航空资料，投下的药品掉进了茫茫的峡谷江涛间。独龙族群众和战士们点着火把彻夜在山上搜寻，但还是被死神抢先了一步……

有关张卜的事迹，早已语焉不详、难以追溯。伫立在这位24岁牺牲的士兵墓前，那块50多年前用高黎贡山岩石凿出的墓碑早已斑驳不堪，可镌刻着的4个大字依然那么夺目——青春·光荣。

无法考证当时战友们为什么选择了如此简单的碑铭，但这几个字表达的青春情怀和深深眷恋，胜过万语千言，瞬间让我泪流满面。

拥有这般青春与光荣的，还有相继长眠在独龙江畔的另外7名边防战士。

万古长空，一朝风月。我记下了这些年轻战友们的名字，也记住了他们永远凝固在边疆的年龄——“18～24岁”。

青春已经融入壮丽河山，春风中那些摇曳的花朵，该是他们挥舞的手臂；眼睛仍然在瞩望滔滔江水，星空间那些闪烁的微芒，应是他们年轻的眸光。

今天，独龙江已经奏响跨越千年的脱贫之歌，大峡谷“每天都在山歌里醒来”。在这歌声中，我突然明白了碑上铭文的含义——青春，因属于祖国而光荣。

妈妈笑着说，别忘了回家的路

西方学者说：“人类永远没有死亡的经验。”对于年轻的生命而言死亡则更加陌生，但是，当使命召唤时，拥有青春年华的士兵们总是义无反顾地做出选择——牺牲、奉献。

平生踪迹少年心。当初的墨脱边防有边防线而无巡逻路，脚踩到哪里，哪里就是路。最远最险的防区需要在路险湍急间徒步往返 8 昼夜，新兵姚刚向连队提出参加巡逻的理由稚气未脱：再过一星期我就满 18 岁了，让我把巡逻当作一次“成人礼”。

就在他生日的那一天，奔腾急流上的独木桥骤然断裂，领先探路的他被卷进滚滚浪涛，身后的战友只抓住他那个绿色未褪的背包。

回来后战友们为他办了两件事：一是帮他把出发前写好的《入党申请书》递交给党支部，因为他刚刚满 18 岁；二是将他的背包，庄重地安放进烈士陵园，然后齐声轻唱起他常挂在嘴边的当年的一首流行曲《那一年我 17 岁》——背起行囊，装着若无其事地告别妈妈；妈妈笑着说，别忘了回家的路……

18 岁成人时，他没有回家为妈妈奉食伺衣，不是忘记了回家的路，而是他选择了永远把青春年华留在边关万里……

从此，巡逻路上的“成人礼”被墨脱军人视为最具有凛凛男子汉之气、拳拳赤子之忱的荣誉——新兵入伍后的第一堂教育课就是参加巡逻；入团、入党的宣誓仪式都放在巡逻之前；老兵退伍的告别仪式，就是一次最艰辛的巡逻……

对于功名的“逆行”，对于诚实的执着

关于青春有许多流光溢彩、飞笺斗韵的诗句，但一个 22 岁年轻战士却用质朴的诚实，告诉我们青春的价值与人品的高贵，是怎样在一个年轻士兵身上熠然闪亮。

他叫龙勇，是云南边防某部工兵连战士。在一次保卫边疆作战的关键时刻，他从雷区滚过，用身躯为战友们开辟了冲击路线。战斗胜利了，新闻干事“滚雷英雄”的稿件也写好了。可当他从野战医院醒来后却连声否认：我不是滚雷，只是踩滑了从坡上滚下来……

当时的种种情况和身边的所有人，都无一例外地为其滚雷之举提供着证明。

可偏偏他就是毫不松口地反复纠正着，直到把原本确认的“一等功”改为“三等功”、新闻稿件撤回后才罢休。

紧接着，那位新闻干事凭借着新闻敏感又写了一篇《战士龙勇主动纠正误报战功》的消息，被评为当年的“全国好新闻奖”（后来的“中国新闻奖”）一等奖，而作为新闻的当事人，因立功等级达不到安置标准，龙勇带着在雷区留下的伤残，退伍回乡，又成为一个普通的农村青年。

对于功名的“逆行”或许成为一种代价，对于诚实的执着或许使青春岁月失去了许多光彩。许多年后，我在大山里的村寨中寻访到了已然白发苍苍的龙勇。当问及对年轻时的选择后不后悔时，他那让人如沐春风的笑容，土得掉渣的话语，仿佛又回到22岁的军营青春——我没有当上英雄，可青春从来不悔；就算是个青萝卜，拔出来也应该留下一个圆圆正正的坑。

那一刻，我想起了华兹华斯的诗句：“即便是最不起眼的花，盛开的时候，也能让我思绪满怀，眼泪也无法表达。”

遥远永远不是青春的距离

我们说青春不朽，其实是说精神血脉的薪火相传；我们说青春永驻，其实是说忠诚热血的秉持激扬。

云南边防某连驻守在二甫，虽说是彩云之南，可许多南方人都不认它是南方，只将其叫作边疆。因为它南得太远了——离营部158千米，团部334千米，而距北京大约得在后一个数字上再乘以10。

遥远永远不是青春的距离。

自打1953年边防部队奉命在此扎营设防以来，这个边关要地，绽放着一代代边防军人的青春。

那年采访时，一位副政委告诉我，他岳父是第一代二甫人，岳母在开进途中躺在担架上生下了一个女儿。后来，时任连队排长的他凭借第二代二甫人的身份，娶其为妻。再后来，他们的儿子又成为第三代二甫人……

“追随忧患日，生死笑谈中……雷霆与雨露，一例是春风。”在峰巅横绝、山高路远的边陲要塞接过上一代的枪，并不是一件浪漫的事。因为无论边防建设怎样发展，条件的艰苦、任务的危险，不可回避地成为边防的基本要素。

当年瑞典探险家斯文·赫定进西藏时准备了130头骡马和牦牛，走到最后仅剩下3头。他栗栗危惧地写道：“我们对行星上的这部分与对月球背面同样的一无所知。”

然而，年青一代的戍边人却非常清楚地知道，用年轻的脚步去跋涉、用青春的热血去守卫祖国的疆土，无论在哪一个年代，都是青年人必须担负的责任——当年率部队入藏的18军政治委员谭冠三的儿子谭戎生，就是从北京捧着父亲的骨灰上高原任职的；日喀则军分区原司令员王炳文 2 岁时，父亲一别就再没回家，直到母亲告诉他“你该去陪陪爸爸了”，他才在拉萨烈士陵园“王长金烈士之墓”前痛洒下青春的热泪；还有一位出生在进军西藏路上，被母亲用藏袍裹着在马背上颠簸了 6 个月的孩子，他父亲曾是运输科长，管的是骡马牦牛，而他成为汽车团长……

其实，不仅这些，就连老边防们后代的后代，从名牌大学毕业归来，成为操控现代化装备的新一代戍边人的许多故事都已不算新闻。每当看见前行在边防风雨中那些英姿勃发的年轻身影，有一句熟稔多年的青春名言总是骤然撞动在心头——人的一生应当这样度过……

（资料来源：新华网，2019 年 6 月 4 日）

让奋斗成为人生最亮丽的底色

“五一”代表劳动，指向奋斗。

在中华人民共和国成立 70 周年、全面建成小康社会的关键之年，又一个“五一”向我们走来。

在这个奋斗者的节日，我们该如何纪念劳动，思考奋斗？让我们一起走近奋斗者，聆听他们的讲述，感受时代的足音。

只有奋斗的人生才称得上幸福的人生

“人生在勤，勤则不匮。”

从十几岁离家外出打拼，到 20 年前创办企业资产上亿元，再到放下生意回到家乡担任村委会主任，带领乡亲们脱贫致富，65 岁的李学海一生都在“努力奔跑”。

2010 年，在外打拼 40 多年的李学海已获得“全国道德模范”“全国劳动模范”等诸多荣誉，是一个远近闻名的企业家，本可以享受安逸的生活。但看到家乡还有不少乡亲生活困难，他毅然回到家乡山东省安丘市辉渠镇谋家河村，当起了村党支部书记、村委会主任，立志带领乡亲们脱贫致富。

回到家乡，他就和村干部踏遍了家乡的山山水水，确定了依托留山及周边资源，发展乡村旅游、红色旅游的扶贫路子。几年时间，李学海带领乡亲们绿化荒山荒坡 4 000 多亩，把乱石岗、荒草坡建设成为拥有 8 处景点、建筑面积 8 万多平方米的旅游景区。2018 年，李学海荣获了全国脱贫攻坚奉献奖。

“人这辈子，就是要不停奋斗。”李学海说，“没有党的好政策，我不可能办企业。赚了钱，不做点对国家、对乡亲们有益的事，那当这个老板有什么意思？”

幸福不会从天降，美好生活靠劳动创造。再普通的岗位，也会因为追求卓越而不同；再平凡的人生，也会因为追逐梦想而闪光。

43 岁的黄梅荣说自己就是“奋斗改变人生”。28 岁那年，当过电工、保洁员、治安员的他进入东莞吉田塑胶制品有限公司，开始接触精密模具制造。

如今，黄梅荣创立了自己的公司。作为三和盛塑胶制品（东莞）有限公司负责人，他常和身边的人说，天上没有掉下来的馅饼，脚踏实地掌握一技之长才是硬道理。“该奋斗的时候莫问结果和报酬，要一心想着如何最优地完成目标。”

在贵州省铜仁市沿河土家族自治县总工会常务副主席陈静看来，劳动保障了人们的基本生活，而奋斗是更高的追求，它让劳动者提升了生活品质，让奋斗者成就了更美好的生活。

在为实现中国梦的奋斗中争取人人出彩

劳动光荣，创造伟大。矢志创新，勇立潮头。

今年 30 岁的庞淇文是广西柳工机械股份有限公司高级技师。别看年轻，他却荣誉满满，不仅是“广西工匠”，还是“全国技术能手”。

荣誉的背后是付出与努力。每当接到零件加工图纸，庞淇文都会认真分析、调试，力求做到完美。他反复向师傅求教，与师兄弟们探讨，并利用空余时间自己摸索实践。

全国劳模、“最美职工”秦世俊也有一股追求完美的“钻研劲”。作为中航工业哈尔滨飞机工业集团有限责任公司的一名数控铣工，秦世俊所在的班组名叫“创新班组”，承担着车间 60% 的关键件和重要件的加工生产任务。

“直升机是高科技产品，每一个零件都应该是精品。但往往精品与废品的差别只有 0.01 毫米。”为了学好学精数控技术，秦世俊利用工作之余钻研各类专业知识，还报考了东北农业大学计算机专业本科课程，不断为自己充电。

天上飞的是高科技产品，地下跑的也丝毫不含糊。

作为地铁建设者，中铁十九局项目经理罗文江为了“1 毫米”不断钻研。他先后参与了北京和重庆 4 条地铁线的建设。在北京地铁 8 号线下穿既有 10 号线施工中，他通过施工方法创新，最终使地面沉降最小的地方仅有 1 毫米，达到世界领先的水平。

在庞淇文他们看来，在向着中国梦进军的新时代中，人人都有奋斗的舞台，人人都有出彩的机会。

“如今社会上选择很多，年轻人面对的诱惑也很多。但无论如何，在一个岗位就要钻研一个岗位，不仅要把事情做好，还要不断挑战自己，做到精益求精和不断创新。”庞淇文说。

哈尔滨工业大学社会学教授王雅林表示，随着时代进步，新时代的劳模精神、工匠精神不但要讲奉献，更要鼓励劳动者学习前沿技术、掌握高超技能，为“中国智造”、中国创新注入信心和活力。

不断谱写新时代的劳动者之歌

人间万事出艰辛。越是美好的未来，越需要我们付出艰辛努力。

在航天十院贵州航天天马机电科技有限公司材料成型部钳焊一班班长姜涛看来，在中国奋进的脚步里，奋斗是从未缺席的优良品质。特别是在科技进步日新月异的今天，更需要劳动者通过现代化手段、智能化装备，让传统企业转型升级，创新工作方法，提升工作效率。

50 岁的兰莲娟是国网浙江文成县供电公司大峃供电所员工。扎根基层 20 多年来，她从一名普通收费员成长为供电所综合班班长。她说，踏踏实实的劳动会让每个人生活得更美好。希望全社会人人都是奋斗者，都能善待劳动者，让劳动者更有获得感、幸福感、安全感，这才是对奋斗者的最好致敬，对奋斗精神的最好弘扬。

梦想的花朵，唯有以劳动浇灌才能绚丽绽放。幸福的阶梯，必须用奋斗搭建才能登上顶峰。

“唯有不懈奋斗，才能创造幸福、实现梦想。”全国劳模、中铁一局五公司高级测量师白芝勇深有感触。从一名普通技术员到“金牌测量师”，20 多年职业生涯中，他始终以“干一行爱一行，钻一行精一行”的精神，不断实现人生的自我超越。他和他的团队精测的线路占到了中国高铁运营里程的十分之一。

“正是靠着干劲、闯劲、钻劲，这些年来我们实现了 200 多项技术革新，解决了 340 多个技术难题。未来，要想尽快把我国航空工业搞上去，就得比别人付出更多。”“大国工匠”、中国航发沈阳黎明航空发动机有限责任公司车工洪家光说。

“奋斗是提升劳动者素质和能力的必由之路，也是强国富民的必由之路。”中国劳动学会副会长苏海南表示。

“人民创造历史，劳动开创未来。”决胜全面小康，实现“两个一百年”奋斗目标，需要靠劳动筑就、靠劳动者创造。

（资料来源：新华网，2019 年 5 月 1 日）

【知识检测】

一、单项选择题（下列每题给出的备选项中，只有一个选项符合要求）

1. “人的本质不是单个人所固有的抽象物，在其现实性上，它是一切社会关系的总和。”这句话说明（　　）。

A. 自然属性是人的本质属性

B. 社会属性是人的本质属性

C. 自然属性和社会属性都是人的本质属性

D. 自然属性和社会属性都不是人的本质属性

2. 人生观主要内容的三个方面相互联系、相辅相成，其中，人生观的核心是（　　）。

A. 人生目的　　B. 人生态度

C. 人生价值　　D. 人生信仰

3. 人生观主要内容的三个方面相互联系、相辅相成，其中，人生观的表现和反映是（　　）。

A. 人生目的　　B. 人生态度

C. 人生价值　　D. 人生信仰

4. 人生态度属于人生观的范畴，是指（　　）。

A. 人生实践活动的总目标

B. 人的生活实践对于社会和个人所具有的作用和意义

C. 人们在实践中形成的对于人生目的和意义的根本看法

D. 人们通过生活实践形成的对人生问题的一种稳定的心理倾向和基本意愿

5. 人生价值属于人生观的范畴，是指（　　）。

A. 人生实践活动的总目标

B. 人们在实践中形成的对于人生目的和意义的根本看法

C. 人的生活实践对于社会和个人所具有的作用和意义

D. 人们通过生活实践形成的对人生问题的一种稳定的心理倾向和基本意愿

6. 在人类历史长河中涌现过形形色色的人生观，但对于当代大学生来说，值得终身践行的科学而高尚的人生观是（　　）。

A. 享乐主义的人生观　　B. 拜金主义的人生观

C. 极端个人主义的人生观　　D. 为人民服务的人生观

7. 爱因斯坦说："一个人对社会的价值，首先取决于他的感情、思想和行动对增进人类利益有多大作用，而不应看他取得什么。"这意味着在人生价值中（　　）。

A. 个人价值就是社会价值

B. 社会价值就是个人价值

C. 个人对社会的责任和贡献是第一位的

D. 社会对个人的尊重和满足是第一位的

8. "个人的抱负不可能孤立地实现，只有把它同时代和人民的要求紧密结合起来，用自己的知识和本领为祖国、为人民服务，才能使自身价值得到充分实现。如果脱离时代、脱离人民，必将一事无成。”这段话的意思是（ ）。

A. 不实现个人抱负，就不会创造社会价值

B. 实现自我价值是因，创造社会价值是果

C. 社会价值的创造过程与自我价值的实现过程是不相关的

D. 人生的自我价值必须与社会价值相结合，并通过社会价值表现出来

9. 人生价值的根本内容是（ ）。

A. 以自我与他人的关系为实际内容的人与人之间的价值关系

B. 索取与享受

C. 劳动与创造

D. 贡献与索取

10. 实现人生价值的根本途径是（ ）。

A. 树立科学的人生观

B. 进行有益于社会的创造性的实践活动

C. 自觉提高自身素质

D. 选择正确的人生价值目标

11. 下列不属于人生价值实现的个人条件是（ ）。

A. 良好的经济、政治、社会环境

B. 不断增强自身能力和本领

C. 立足自身实际，坚守岗位做贡献

D. 自强不息的精神

12. 毛泽东在《纪念白求恩》一文中指出：我们大家要学习他毫无自私自利之心的精神。一个人能力有大小，但只要有这点精神，就是一个高尚的人，一个纯粹的人，一个有道德的人。这说明毛泽东要求我们评价一个人的人生价值要（ ）。

A. 坚持物质贡献与精神贡献相统一

B. 坚持完善自身与贡献社会相统一

C. 坚持能力有大小与贡献须尽力相统一

D. 坚持动机与效果相统一

13. 以下对人生态度的理解正确的是（ ）。

A. 人生态度就是人生价值观

B. 人生态度就是低层次的人生观

C. 人生态度是指人为什么活着

D. 人生态度是人们通过生活实践形成的对人生问题的一种稳定的心理倾向和基本意愿

14. 评价人生价值的根本标准是（　　）。

A. 掌握知识的多寡

B. 拥有金钱的多少

C. 官位的高低和权力的大小

D. 是否促进社会发展和历史进步

15. 对于人生目的在人生实践中的作用，以下说法不正确的是（　　）。

A. 人生目的决定人生道路

B. 人生目的决定人生态度

C. 人生目的决定人生理想

D. 人生目的决定人生价值标准

16. 下列选项不属于人生观范畴的是（　　）。

A. 人为什么活着

B. 怎样生活才有价值

C. 人类社会的发展规律是什么

D. 如何对待人生道路上的困难和矛盾

二、判断对错（在括号内，正确的打√，错误的打×）

1. 人生价值评价的客观标准是对知识的掌握，也就是说谁掌握的知识多，谁的人生价值就大。（　　）

2. “主观为自己，客观为别人”也是一种积极的人生价值观。（　　）

3. 服务祖国和人民与实现自身价值是统一的。（　　）

4. 在社会主义市场经济条件下，既然价值观念存在多种多样性，那么价值导向也应该是多元的。（　　）

5. 任何个人的个体性都打上了深深的“社会性”的烙印。（　　）

6. 享受个人权利是承担社会责任的先决条件。（　　）

7. 所谓反对拜金主义，就是要坚持中国传统道德，鄙视金钱，因为孔子说：“君子喻于义，小人喻于利。”（　　）

8. 人生的自我价值，是个体的人生活动对自己的生存和发展所具有的价值。（　　）

9. 反对享乐主义，就是要勒紧裤带，把钱存到银行，为国家建设做贡献。（　　）

10. 反对个人主义，就是任何时候都把集体利益置于个人利益之上。（　　）

11. 社会需要是脱离个人需要独立存在的。（　　）

12. 拜金主义、享乐主义和极端个人主义人生观都没有把握好个人与社会的正确关系。（　　）

三、简答题

1. 如何确立积极进取的人生态度？

2. 人生目的在人生实践中有着怎样的重要作用？

3. 正确评价人生价值的方法有哪些？

4. 当代大学生如何成就出彩人生？

四、论述题

1. 在当今的社会生活条件下，许多人都十分信奉“实用主义”。请思考人生目的有何意义，为什么？

2. 人生价值的实现条件有哪些？结合实际谈谈大学生如何在实践中创造有价值的人生。

五、材料分析题

1. 《人民日报》曾刊载过这样一篇通讯《在生命的最后一分钟》：大连市公交车司机黄志全在行车途中突发心脏病，在生命的最后一分钟里，他做了三件事：把车缓缓地停在马路边，用生命的最后力气拉下了手动刹车闸；把车门打开，让乘客安全地下了车；将发动机熄火，确保了车和行人的安全。做完这三件事之后，他趴在方向盘上停止了呼吸。材料中的主人公黄志全表现出怎样一种人生价值观？谈谈你的感受。

2. 随着我国改革开放和市场经济的深入发展，社会经济、政治、思想文化环境正发生着巨大变化。受此影响，当代大学生的思想观念和价值取向也在悄然地发生着变化。“学习好、品德高尚就能获得尊敬”的价值标准逐渐淡化。不知从何时起，“学得好不如嫁得好”“学好数理化，不如有个好爸爸”“拼搏不如拼爹”“知识只是赚钱的工具”等思想观念以及“炫耀式”消费和攀比现象在校园流行起来。新生开学季，一则“女大学生开学前执意要买2万元的‘苹果三件套’，气哭母亲”的报道被各大网站和微博频繁转载。而“苹果三件套”只是一个开始，在大学生活中还有更多的物质诱惑。不可否认，每个人都有自己的想法和活法，都可以选择自己的人生道路。柏杨说过，一个人的欲望如果只是追求金钱或权势，他便永不能满足，而不满足便不能快乐。请结合材料，谈谈自己的感想。

扫描二维码查看参考答案：

第二章

坚定理想信念

【名人警句】

青年的人生目标会有不同，职业选择也有差异，但只有把自己的小我融入祖国的大我、人民的大我之中，与时代同步伐、与人民共命运，才能更好实现人生价值、升华人生境界。离开了祖国需要、人民利益，任何孤芳自赏都会陷入越走越窄的狭小天地。

——习近平

【学习要点】

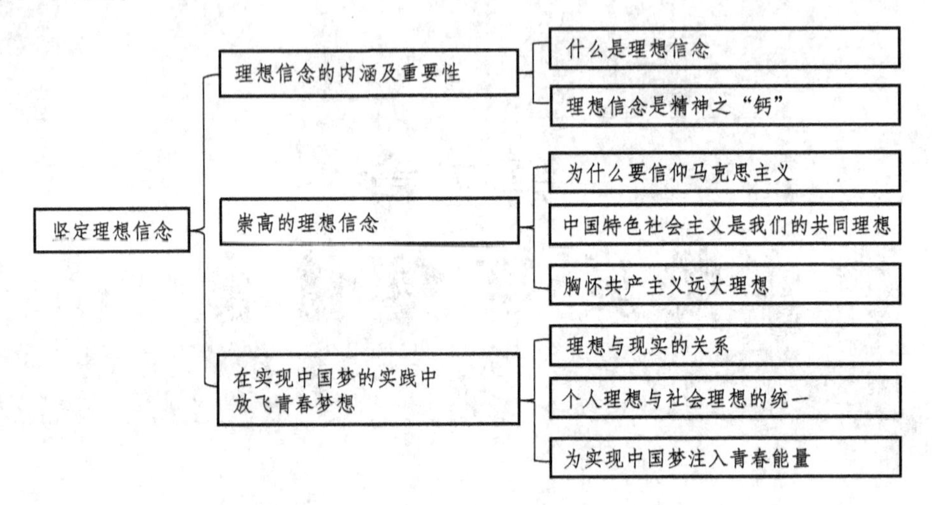

【学习目标】

1. 了解并掌握理想与信念的含义及特征，领会理想、信念对青年大学生成长、成才的重要意义。

2. 正确认识马克思主义的科学信仰，树立中国特色社会主义的共同理想。

3. 辩证看待理想与现实、个人理想和社会理想的关系，坚定为实现中华民族伟大复兴而奋斗的信念。

【学习重点】

1. 理想信念的含义和特征。

2. 马克思主义的科学信仰、中国特色社会主义共同理想。

3. 理想与现实的关系以及理想的长期性、艰巨性和曲折性。

【阅读欣赏】

人的高贵在于灵魂

法国思想家帕斯卡尔有一句名言：“人是一支有思想的芦苇。”他的意思是说，人的生命像芦苇一样脆弱，宇宙间任何东西都能置人于死地。可是，即使如此，人依然比宇宙间任何东西都要高贵得多，因为人有一个能思想的灵魂。我们当然不能也不该否认肉身生活的必要，但是，人的高贵却在于他有灵魂的生活。作为肉身的人，人并无高低贵贱之分。唯有作为灵魂的人，由于内心世界的巨大差异，人才分出了高贵和平庸乃至高贵和卑鄙。

两千多年前，罗马军队攻进了希腊的一座城市，他们发现一个老人正蹲在沙地上专心研究一个图形。他就是古代最著名的物理学家阿基米德。他很快便死在了罗马军人的剑下，当剑朝他劈来时，他只说了一句话：“不要踩坏我的圆！”在他看来，他画在地上的那个图形是比他的生命更加宝贵的。更早的时候，征服了欧亚大陆的亚历山大大帝视察希腊的另一座城市，遇到正躺在地上晒太阳的哲学家第欧根尼，便问他：“我能替你做些什么？”得到的回答是：“不要挡住我的阳光！”在第欧根尼看来，面对他在阳光下的沉思，亚历山大大帝的赫赫战功显得无足轻重。这两则传为千古美谈的小故事表明了古希腊优秀人物对于灵魂生活的珍爱，他们爱思想胜于爱一切包括自己的生命，把灵魂生活看得比任何外在的事物包括显赫的权势更加高贵。

珍惜内在的精神财富甚于外在的物质财富，这是古往今来一切贤哲的共同特点。英国作家王尔德到美国旅行，入境时，海关官员问他有什么东西要报关，他回答：“除了我的才华，什么也没有。”他引以为自豪的是，虽然没有什么值钱的东西，但他拥有不能用钱来估量的艺术才华。正是这位骄傲的作家在他的一部作品中告诉我们：“世间再没有比人的灵魂更宝贵的东西，任何东西都不能跟它相比。”

其实，无须举这些名人的事例，我们不妨稍微留心观察周围的现象。我常常发现，在平庸的背景下，哪怕是一点不起眼的灵魂生活的迹象，也会闪放出一种很动人的光彩。

有一回，我乘车旅行。列车飞驰，车厢里闹哄哄的，旅客们在聊天、打牌、吃零食。一个少女躲在车厢的一角，全神贯注地读着一本书。她读得那么专心，还不时地往随身携带的一个小本子上记些什么，好像完全没有听见周围嘈杂的人声。望着她仿佛沐浴在一片光辉中的安静的侧影，我心中充满感动，想起了自己的少年时代。那时候我也和她一样，不管置身于多么混乱的环境，只要拿起一本好书，就会忘记一切。如今我自己已经是一个作家，出过好几本书了，可是我却羡慕这个埋头读书的少女，无限缅怀已经渐渐远逝的有着同样纯正追求的我的青春岁月。

每当北京举办世界名画展览时，便有许多默默无闻的青年画家节衣缩食，自筹旅费，从全国各地风尘仆仆来到首都，在名画前流连忘返。我站在展厅里，望着这一张张热忱仰望的年轻的面孔，心中也会充满感动。我对自己说：有着纯正追求的青春岁月的确是人生最美好的岁月。

若干年过去了，我还会常常不由自主地想起列车上的那个少女和展厅里的那些青年，揣摩他们现在不知怎样了。据我观察，人在年轻时多半是富于理想的，随着年龄增长就容易变得越来越实际。由于生存斗争的压力和物质利益的诱惑，大家都把眼光和精力投向外部世界，不再关注自己的内心世界。其结果是灵魂日益萎缩和空虚，只剩下了一个在世界上忙碌不止的躯体。对于一个人来说，没有比这更可悲的事情了。我暗暗祝愿他们仍然保持着纯正的追求，没有走上这条可悲的路。

（资料来源：周国平. 周国平论教育［M］. 上海：华东师范大学出版社，2009.）

【学习案例】

【案例一】《习近平的七年知青岁月》选摘

习近平曾说过知青在农村要“过四关”，厕所关可以作为“第五关”。赵家河大队公窑外面的厕所，当时非常简陋，又脏又臭，难有下脚之地。我比习近平晚几天到赵家河，一到大队部外就看见他正在修那个厕所。我当时还觉得有些惭愧，因为我之前经常来村里住这孔公窑，却从没想到要把厕所修一下。

习近平在赵家河带领群众办识字夜校、打坝，尤其是为群众解决照明问题和烧柴问题而办沼气。1975 年在果家河开沼气现场会时，我也随各公社、大队的负责人去参加了。看了他在村里搞的沼气，确实有模有样。我根据自己的经验知道，沼气这个事是很难搞的，因为那时燃料稀缺，做沼气所需要的秸秆之类大都被做饭取暖烧掉了；当地土质疏松，群众又买不起水泥，渗漏问题也很难解决。在其他公社推广沼气的阻力很大，大多是敷衍应付，虎头蛇尾。而他们村里办的沼气还真的把些农户家的灯点亮了。可见习近平在这上面付出了很多心血。

——陶海粟《“为群众做实事是习近平始终不渝的信念”》

20 世纪 60 年代末、70 年代初的插队生活，对于我们这些知青来说，主要是体力上和生活上受苦，我们像农民一样在黄土高原贫瘠的土地上劳动，缺吃少用，甚至还要为烧柴发愁。而对于近平来说，这还不是主要的，他精神上所受到的痛苦和压抑，比体力上和生活上受的苦更大。

党的九大召开的时候，我们几个知青都在窑洞里听收音机，当广播里宣读中央委员和候补中央委员名单的时候，近平在特别认真地听。结果名单里面没有出现他的父亲习仲勋的名字。当时，近平虽然没说什么，但我能感觉到他的情绪是比较失落的。他这个人比较坚强，不会对身边的人抱怨什么，或者倾诉自己的苦闷，但是我们能理解他的心情：敬爱的父亲已经受到了 9 年的迫害，至今仍命运未卜；母亲也过着受审查、挨批斗的生活；自己和兄弟姐妹们的头上还戴着“黑帮子弟”的帽子；好好的一个家庭四分五裂……这些，对于他，一个 17 岁的男孩造成多么沉重的压力是可想而知的。

况且，一两年之内，跟他一起来插队的知青陆续都走了。我们都是先转回老家插队，再从老家当兵走了，因为我们的父母都是从老家参加革命的，孩子要当兵比较容易。而且当兵这个出路是非常好的——那个年代，当兵是最光荣的，社会地位也是最高的。

然而，习仲勋的问题在很长一段时间都没有解决，他的家庭受到的冲击太大了。要寻找一条从梁家河走出去的路，对那时的近平来说，实在是太艰难了。这种困境带来的巨大心理压力，是一种精神上的磨难，这种苦远远超过了体力上和生活上的苦，是我们无法想象的。

在这样艰苦的环境中，近平没有消沉。他贴近黄土地，贴近农民，下决心扎根农村，立志改变梁家河的面貌，一待就是 7 年。在这 7 年时间内，他靠自己的苦干实干做出了一番成绩。

后来，近平在接受采访时讲到了刚插队时的迷茫和后来的转变，这些我都非常认同，他讲得非常实在。万事万物都有一个发展过程，每个人也都有一个历练和成长过程，没有“天生伟大”这一说。这也就是近平所说的“过四关”当中的“思想关”。

——王燕生《近平在困境中实现了精神升华》

（资料来源：《习近平的七年知青岁月》中共中央党校出版社 2017 年 8 月版）

案例点评：

习近平曾说过：“陕北高原给了我一个信念，也可以说是注定了我人生过后的轨迹。经过了陕北这一堂人生课堂，就注定了我今后要做什么，它教了我做什么。”其中，“为群众做实事”最为重要。梁家河七年的知青岁月，无疑是习总书记崇高理想信念的生长点和出发地。总书记知青时期的艰苦岁月和成长历程，体现了志存高远就会力量无穷的真谛。一个人有了科学崇高的理想信念，就会以惊人的毅力和不懈的努力成就事业。任何人要想在平凡的岗位上做出不平凡的业绩，在极其困难的情况下创造奇迹，就应该具有科学崇高的理想信念，从而具有取之不竭的精神动力。

【案例二】信念的价值

美国诺必塔小学的董事兼校长皮尔·保罗对所有的学生都是一视同仁的，在他的心目中根本没有什么“优生”和“差生”之别。因而，他对所有学生都给予热忱的鼓励，从而在他们心中竖起一面旗帜，而孩子确实是需要鼓励、需要有一面旗帜的。在他的学生中，有一位叫罗杰·罗尔斯的学生后来成为美国纽约州历史上第一位黑人州长。

罗杰·罗尔斯出生在纽约的大沙头贫民窟。那里环境恶劣，充满暴力。罗杰·罗尔斯所在的诺必塔小学的学生不与老师合作，旷课、斗殴，甚至砸烂教室黑板。皮尔·保罗想了很多办法来引导他们，可是没有一个是奏效的。后来他发现这些孩子都很迷信，于是他在上课的时候就多了一项内容——给学生看手相。他用这个办法来鼓励学生。

有一天，当罗尔斯从窗台上跳下，伸着小手走向讲台时，皮尔·保罗说：“我一看你修长的小拇指就知道，将来你是纽约州的州长。”当时，罗尔斯大吃一惊，长这么大，只有他奶奶让他振奋过一次，说他可以成长为五吨重的小船的船长。这一次，皮尔·保罗先生竟说他可以成为纽约州的州长，着实出乎他的预料。他记下了这句话，并且相信了它。

从那天起，“纽约州州长”就像一面旗帜飘在罗尔斯的心中，他的衣服不再沾满泥土，说话时不再夹杂污言秽语。他开始挺直腰杆走路，在以后的40多年间，他没有一天不按州长的身份要求自己。51岁那年，他终于成了州长。

在就职演说中，罗尔斯说：“信念值多少钱？信念是不值钱的，它有时甚至是一个善意的欺骗，然而你一旦坚持下去，它就会迅速升值。”信念，可以成为所有奇迹的萌发点；鼓励，能够成为一个人一生的动力。

（资料来源：摘选自厉尊．别让自己的提醒晚到一步［M］．北京：中国纺织出版社，2004.）

案例点评：

皮尔·保罗对罗尔斯的一句善意鼓励“我一看你修长的小拇指就知道，将来你是纽约州的州长”使得罗尔斯精神为之振奋，并且相信了它。从此，“纽约州州长”这面信仰的旗帜高高飘扬在罗尔斯的心中，使得他在此后的40多年间始终按州长的身份要求自己并最终实现了成为“纽约州州长”这个人生理想。

这个案例说明，信念可以成为发生奇迹的生发点，能够成为一个人前进的动力。一个没有信念，或者信念不坚定的人，就会平庸地度过一生；而一个信念坚定的人，永远不会被困难击倒。因为信念的力量是惊人的，它可以改变恶劣的现状，形成令人难以置信的圆满结局。当代大学生要自觉树立科学的理想信念，并在其指引下密切结合自己所学专业，确立正确可行的职业理想，合理地规划大学生涯，努力地追求，不畏各种艰难险阻，以“天生我材必有用”的气概沿着理想的阶梯奋力攀爬，使自己的青春在为祖国富强、人民幸福、民族振兴过程中闪光，使自己的人生在无悔中挥洒，为建设中国特色社会主义、实现中华民族伟大复兴不遗余力地奉献光和热。

【案例三】袁隆平的成功“秘诀”

毕生梦想消除饥饿——袁隆平

他是一位真正的耕耘者。当他还是一个乡村教师的时候，已经具有颠覆世界权威的胆识；当他名满天下的时候，却仍然只是专注于田畴，淡泊名利。一介农夫，播撒智慧，收获富足。他毕生的梦想，就是让所有的人远离饥饿。喜看稻菽千重浪，最是风流袁隆平。

（摘自2004年度“感动中国人物”颁奖词）

杂交水稻：失败中孕育的成果

首先讲讲什么叫杂交水稻，因为在座的各位很多不是学农的。杂交水稻就是利用杂种优势，把两个遗传性不同的品种进行杂交，另外优良性形成互补，这样杂交之后来提高水稻产量，这就是杂交水稻。因为第一代有优势，所以每一年要生产第一代杂交种子用于大面积生产。

我为什么研究杂交水稻呢？那是在20世纪60年代初的一天，我到田里选种，突然看见一株“鹤立鸡群”的水稻，穗大而且粒数特别多，后来我把它收入做种子。第二年种下去，我管理非常细致，因为当时的品种亩产一般只有五六百斤。我把它作为一个非常有希望的品种，每天去观察。可是到出穗的时候，我大失所望：我种了一千多株，没有一株像它的“老子”那样好。我一声叹息，坐在田埂上发呆，后来突然来了灵感，心中一阵欣喜，因为只有杂种的后代才可能出现分离，正好符合孟德尔的分离规律。这就证明了我发现的“鹤立鸡群”的优良稻种是一株天然的杂交稻。这样，我就萌发了要研究杂交稻的决心。

但是在那个年代，传统的观点认为水稻、小麦等自花授粉植物是没有杂交优势的。因此，我的研究受到不少人的反对和讽刺。但是我认为，杂交优势是生物界的普遍现象，小到微生物，大到人类都有杂交优势，有没有杂交优势不是由生殖方式决定的，而在于杂交双亲的遗传性是否有差异，而水稻绝不会例外。

为了证明水稻具有杂交优势，1972 年夏我们在湖南省农科院做了试验，种上杂交稻来说服有关人。我们种了四分田，还有对照品种，就是一个是高产品种，另一个是常规品种。我们的杂交稻长势很旺，对照种只有七八寸高，我们的杂交稻就有 1 尺高了，对照种只有四五个分蘖，杂交稻就有七八个分蘖了，长势非常旺。可最后验收的时候，结果却不尽如人意，产量还比对照种略有减产，而稻草增加了将近 7 成。于是有人讲风凉话，说“可惜人不吃草，如果要吃草的话，你这个杂交稻就大有发展前途了”。

后来就开会研究到底要不要支持杂交稻，我们那个时候是少数派，大多数人反对，说这个杂交稻是一堆草。我冷静地分析后，站起来发言：“从表面上看，我们这个试验是失败了，我们稻谷减产，稻草增产。但是从本质上讲我的试验是成功的，为什么？因为现在真正的焦点是水稻这个自花授粉作物究竟有没有杂交优势，现在试验证明了水稻具有强大的杂交优势，这是大前提。至于这个优势表现在稻谷上，还是稻草上，那是技术问题。因为我们经验不足，配组不当，使优势表现在稻草上了。我们可以改进技术，选择优良品种，使其发挥在稻谷上，这是完全做得到的。”

领导们被说服了，他们说：“是呀，老袁说的有道理，应该继续支持。”失败是成功之母，有好多事情失败里包含着成功的因素，因为失败当中有经验、有教训。搞科学试验决不会一帆风顺，不要怕失败，要善于从失败中总结经验教训，所谓“吃一堑，长一智”。一失败就灰心丧气，到此止步，这样的人是很难成功的。马克思有句名言：“在科学上没有平坦的大道，只有不畏劳苦沿着陡峭山路攀登的人，才有希望达到光辉的顶点。”我的体会是，只要大方向是对的，就应该有百折不挠的精神，才有希望取得最后的成功。

经常有人问我，你成功的“秘诀”是什么？其实谈不上什么秘诀，我的体会是八个字：“知识、汗水、灵感、机遇”。

第一，知识是基础，是创新的基础。现在科学技术这么发达，你是个文盲，是不可能成功的。“知识就是力量”，道理大家都很明白。我认为在知识方面不一定要博古通今，成为一个学问家，但是除了要对自己从事的专业很熟悉以外，还应掌握一些相关领域的知识，以开阔视野。要想了解最新发展动态，你就要懂一些外文。在科学研究中我赞成标新立异，但大方向要把握好、要正确，一定要避免盲目性，以免走进死胡同。过去有聪明人研究“永动机”，这违反了能量守恒的自然规律，走向了死胡同。

第二，是汗水。任何一个科研成果都来自深入细致的实干和苦干。育种研究是一门应用科学，要到田里去干，肯定要流汗。我们在攻关的时候，在水稻生产基地每天都背上一个水壶，我带两个馒头，中午下田，顶着太阳一干就是两三个小时，流了很多汗。虽然很辛苦，但是我乐在其中，因为有很强的希望在激励我。我培养学生，第一要求就是要下试验田，你不下田，我就不培养你。我跟学生说书本知识非常重要，电脑技术也很重要，但是书本电脑里面种不出水稻来，只有在田里才能种出水稻来。

第三，要有灵感。我的体会是灵感在科学研究与艺术创作中具有几乎相等的重要作用。灵感来了，一首好诗、一首好曲就来了，没有灵感，挖空心思、搜肠刮肚也写不出东西。什么是灵感？我体会它是以思想火花的形式出现，一闪就来了，但一闪又过去了，你要是去找可以找到，往往是由一种外界因素诱发产生。我体会到，灵感是知识、经验、思索和孜孜追求综合在一起的升华产物，它往往在外来因素的刺激下突然产生，擦出火花来。

1997 年，我到江苏农科院观察他们培育的新品种时，其中有一个品种形态吸引了我，我突然一闪念，领悟出了超级杂交稻的株型模式，现在这个模式已经在选育超级杂交稻品种的实际工作中得到运用。美国的 *Science*（《科学》）杂志十分关注这个模式，并刊登了它，还加以介绍。其实那“一闪念”就是灵感。我奉劝从事科学研究的同志，要及时捕捉和运用在探索中孕育和迸发的灵感，做“有心人”，及时捕捉思想火花，不要让它闪丢了。

第四，是机遇。雄性不育野生稻的发现，为杂交水稻研究成功打开了突破口。有的人说我们发现雄性不育野生稻是靠运气，我看这里是有运气存在的，但是不是单纯靠运气呢？我们在设计技术路线时，曾经构想“把杂交育种材料亲缘关系尽量拉大，用一种远缘的野生稻与栽培稻进行杂交”。通过这样来突破优势不明显的关隘。按照这一思路，我和助手到云南、海南去找野生稻。

美国学者唐·帕尔伯格先生曾写下《走向丰衣足食的世界》一书，他在书中谈到，从统计学上看，发现雄性不育野生稻事件明显是一个小概率事件，可是这种奇迹居然发生了。他还列举科学史上一系列偶然事件的巨大作用，如弗莱明研究导致人体发热的葡萄球菌时，观察到无意飘落的青霉菌可将葡萄球菌全部杀死，由此他发明了葡萄球菌的克星——青霉素；爱德华·詹纳看到挤牛奶的女工免出天花，从而发明了天花接种疫苗……这些发明创造有一个共同特点，就是当事人不仅亲眼看到了这些事物，而且从内心领悟并很快抓到了这些事物的本质。这就是科学研究工作的本质。

机会成就有心人，偶然的东西带给我们的可能就是灵感和机遇，所以我们说偶然性是科学的朋友。科学家的任务，就是要透过偶然性的表面现象，找出隐藏在其背后的必然性。

（资料来源：帮考网）

案例点评：

袁隆平院士，由于怀揣“消除饥饿的毕生梦想”而勇于实践、艰苦奋斗，实现了他的简单但崇高的理想。我们要向袁隆平院士学习，学习他为实现梦想而艰苦奋斗的精神。作为新时代的大学生，应该刻苦学习，不畏艰难，顽强拼搏，把握机遇，勇敢地追求自己的梦想。

【案例四】一个青年学子对当代中国社会的思索与呐喊

徐海珊中等偏矮的个头，一副典型广东人相貌，衣着朴素而整齐，眼神平静而机敏。他出生在广东平远县的一个客家山村，高中时就入了党。1998 年 9 月，徐海珊考进中南民族学院法律系，成了都市里的大学生，还担任着法学院学生党支部副书记的职务。但是，他无法忘记生他养他的故乡——粤北农村，还有在那块土地上艰辛劳作的父老乡亲。于是，他开始关注中国农村问题。

青春挑起担子，就算没有能力去改变，也有责任去关注

1999 年，中国吹响了向西部进军的号角，广大的中西部地区进入了徐海珊的视野。他决意深入西部，了解西部，帮助西部贫困的人们。徐海珊第一次走进西部，是在大一暑假，除了简单的行囊外，他还带了 500 本自己撰写、自费出版的小册子《幸福课堂》。徐海珊说，《幸福课堂》是他送给西部老乡和孩子们的第一份礼物。《幸福课堂》是一本类似于小学课本的文化扶贫扫盲读物，专门为贫困地区的文盲和失学、辍学的孩子们写的。为了写这本书，徐海珊走访了湖北省扶贫办等有关部门，收集和阅读了上百万字的资料，为了使这本书通俗易懂，一个个夜深人静的夜晚，徐海珊在学校澡堂昏暗的灯光下一遍遍地修改、润色。

1999 年 7 月 15 日，徐海珊上路了，云南省禄劝彝族苗族自治县是第一站，这也是海珊第一次独自去一个完全陌生的地方。

2000 年 5 月，徐海珊利用“五一”长假，第二次走进西部，考察了陕西省部分贫困区。那次“西行”，徐海珊对西部贫困地区的两种现状产生了兴趣：农村基础教育和生态环境保护。

2000 年 7 月，带着这两项社会调查课题，徐海珊第三次路上了向西部进发的征程。青海、甘肃、新疆、宁夏、内蒙古，一路走来，映入眼帘的是一片片寸草不生的荒漠、一张张被贫困折磨得沟壑纵横的面容，还有那一双双渴望知识的眼睛，徐海珊感受着西部的苍凉与贫瘠，感觉自己肩膀上的那副担子愈发地沉重起来。在新疆昌吉回族自治州奇台县，他和县林业局官员同车赶往古尔班通古特大沙漠边缘的西北湾乡考察。路上，开车的师傅不断向他叹气说：“别人逃都逃不掉的地方，你这个大学生偏要去，现在不要说西北湾乡了，就是奇台县城弄不好也要迁走了。”到了西北海乡他才知道，开车的师傅并非危言耸听。近20年来，古尔班通古特大沙漠以每年几十米的速度由北向南推进，沙漠所到之处，树枯、房倒、人走。近年来，光西北湾牧场就迁走了20户人家，站在沙漠边缘望过去，被沙丘掩埋的房屋，屋顶依稀可见，可是曾经住在那里面的人却已沦为生态难民了。牧场小学，由于沙漠的一次次逼近，10年间已经往南迁建了三次。在宁夏，徐海珊第一站去了同心县喊水乡。这是一个严重缺水并且水源含氟过高的乡村，可现在就连这样的劣质水源几乎也没有了。当地不少老百姓就靠借钱或者扶贫款挖水窖，收集雨水饮用。从甘肃山丹县横穿戈壁到达内蒙古阿拉善右旗额肯呼都格镇，狂风咆哮着卷起沙土砸在徐海珊脸上，街道上冷清清的，偶尔传来几声狗叫。阿拉善右旗农牧林业局的官员告诉他，那里平均每年刮大风的日子就有260多天，不仅风大，而且沙多、雨少。牧民为了增加收入过度放牧，使草场植被遭到严重破坏，草场大面积地退化、沙化，沙化土地竟占到全旗总面积的97%，已有2 000多名牧民沦为生态难民。

徐海珊很无奈：作为一个在校大学生，他并没有多少能力去帮助贫困地区和贫困群体，但是，他说他有责任去关注，并有责任去呼吁更多的人来关注他们。

沿着褐黄色的山脉走进青海省民和回族土族自治县核桃庄乡，徐海珊看到的依然是令人压抑的落后封闭和难以生存的环境。有天傍晚，在借住地，他看到一个衣衫褴褛的小女孩儿正吃力地提着一桶水。刚走过去，小女孩儿看到这位陌生人满脸的胡子，惊恐地扔下水桶跑进了一间歪歪倒倒的土坯房。小女孩儿叫冶海力买，是个乡村孤儿，父亲去世，母亲改嫁，叔婶收留了她。她已经11岁了，冶海力买还没上过学。大库都村是核桃庄乡最偏僻、最穷的村，村民散居在海拔2 000多米的高山上。徐海珊天刚蒙蒙亮就从乡政府出发，翻山越岭，午后才赶到大库都村。村子周围的山全都光秃秃的，当地农民说，这里十年九旱，常常颗粒无收。听说徐海珊是来了解儿童失学情况的，村民们纷纷带着孩子围过来，有的是单亲家庭的孩子，有的是失去父母的孤儿，有的是家里太穷念不起书的孩子。在那个才三四十户人家的村子，失学、辍学的孩子就有十几个。在核桃庄乡另一个村子，徐海珊打着手电去找一个叫冶玉兰的小女孩儿。13岁的小玉兰，又瘦又矮，正发着烧，一直咳个不停。村里人说，这娃命苦，她爸出去打工摔死了，家里老奶奶病在床上，还有两个弟弟，都由她妈一人拉扯着。第二天清早，他将小玉兰带到乡医院，医生检查出她患了肺炎。帮她打了吊针后，他让医生加开了半个月的药。他交了药费后又给了小玉兰一些钱，并资助她继续念初中。离开民和的前一天，徐海珊又去了冶海力买家，专门带她进县城买了衣服、鞋袜和书包，并争取到了家住县城的核桃庄乡学区校长吴振邦的支持，减免冶海力买的入学杂费，其余的费用由他直接资助。徐海珊临走前，抚养冶海力买的婶婶请求他为只有经名的冶海力买取了个正式的名字。整整一个暑假，徐海珊走访了西北6个省区27个县市区旗，他考察了农村教育和生态环境，特别调查了少数民族贫困地区的女童教育问题。

关怀，就是拥责任入怀，拥苍生入怀

在联合国总部，高悬着一只“贫困钟”。钟面上的红色数字随着秒针的跳动飞快地增长，它时时刻刻提醒人们，地球上，每一分钟就有47人加入庞大的贫困队伍。它让人们记住在这个世界上还有另一种生命：需要关爱与帮助的贫困苍生。到西北考察的日子里，徐海珊几乎每天都面对贫困，它让他有一种喘不过气来的沉重。没有去过的人，不会有这种感受。而去过的人就永远会有一种牵挂，有一种放心不下的沉重。就像他在《苍生》一书中写的那样：“忧患就是一种沉重、深刻而且痛苦的清醒。我们宁愿选择一种最痛苦的清醒，也不愿活在麻醉了的冷漠之中。因为我们知道，活着的痛比糊涂的死更有价值。更何况，忧患的痛是为了更多的不痛……”

为此，从1999年开始，徐海珊就着手构建中国校园慈善公益事业体系，在《苍生》一书的附录里，我看到了徐海珊为建立这个体系所做的努力——发起大型公益捐赠活动、办主题影展、设专题论坛、建希望图书室、自费出版大学生文化扶贫报……他在为贫困地区和贫困群体呐喊、呼吁。

是的，我们的青春除了美丽和灿烂，我们躲不开一副担子，那就是时代的责任、历史的使命

从西部回来，徐海珊又先后利用假期考察了大别山腹地的贫困县——湖北的英山、罗田、麻城，安徽的金寨，以及河南的部分地区。大学四年，徐海珊一进中原，三进西部，三进大别山，行程五万里，足迹遍布中西部11个省、自治区的51个县、市、区、旗，其中包括25个国家级贫困县，带回来一本本考察笔记和沉重的思考。

从1999年读大一那年开始，徐海珊开始构建中国校园慈善公益事业体系。徐海珊在大学里举办“悯苍情怀”讲座，呼吁高校学子走进生活底层，培养忧患意识和国情意识，在反省和忧患中，修炼博爱情怀；创办“反贫困论坛”“女童教育论坛”，倡议建立中国大学生反贫困行动机制。这几年，徐海珊组织各类慈善活动为贫困地区送去了价值超过13万元的物品。让他感到欣慰的是，在为校园公益事业奋斗的过程中，他并不孤独，一大批有志青年与他并肩同行。2000年7—9月，徐海珊组织“西北扶贫助学计划”，发动同学结对资助他在青海高原摸底登记的15名失学儿童；2001年7月海珊又发起组织首届中国大学生百县乡村孤儿考察计划，招募154名青年志愿者，分赴全国16个省、自治区、直辖市的122个市、县、区开展专题调查，并在高校举办汇投展。他还率先提出绿色爱心文化命题，倡导悯怜自然、教畏生命、关怀危机的绿色爱心，发起并主持了“感恩地球，真爱自然”“2000地球千年——武汉在行动”大型环保活动，组织大学生环保志愿者开展人口资源环境问卷调查，22所高校的大学生做出了“绿色爱心承诺”；徐海珊还以“兄弟姐妹一家人”为主题，发起了城乡孩子联谊活动，创办了中国大学生文化扶贫第一报——《希望》；他和同学们在湖北荆州私立孤儿教养院设立了“立志爱心教育基地”，组织大学生帮教孤儿。2001年12月，徐海珊被湖北省慈善总会推荐提名为“国际联合劝募协会2002年世界大会奖杰出志愿者”；2002年3月，徐海珊又被确定为2001年中国十大杰出志愿者候选人，并被评为中国百名优秀志愿者。对于荣誉，徐海珊有着清醒的认识。“我觉得我这些年所做的一切，没有任何崇高的动机。恰恰相反，它只不过是一个大学生应该具备的一种社会良知和对社会应该承担的一种责任。关怀弱势群体，我觉得我应该挑起这副担子，也希望更多的人能够与我和我身边具有共同志向之人，共同挑起这副担子。”

如果说，当初徐海珊对农村的关注只是一个农家子弟挣不脱的农村情结，只是对农村父老乡亲的一种愧疚，那么后来，他已清醒地认识到，在我们这个农村人口占多数的国度，农村问题就是中国问题。没有农村的现代化，就不可能有中国的现代化。关注农村，就是关注中国的未来。

（资料来源：吴瑟雯．一个大学生的反贫困之旅［J］．中国青年，2002（24）稍加改编．）

案例点评：

目前，少部分大学生理想信念缺失，甚至认为“理想理想，有利就想，信什么不如信金钱和自己”。当有些学生因为没有奋斗目标而空耗时光，因为生活贫困而自卑失落，甚至因为失恋、上网而不能自拔时，徐海珊同学却有一颗“关爱弱者、服务人民、奉献社会”的崇高追求的爱心，肩负起了青年学生的社会理想和责任担当。

徐海珊同学之所以能做到“关爱弱者、服务人民、奉献社会”，是因为他在大学时代确立了科学高尚的理想信念。徐海珊具有坚定的马克思主义信仰，是为建设中国特色社会主义、实现中华民族伟大复兴共同理想而奋斗的大学生楷模。新时代大学生肩负着祖国和民族的希望，承载着家庭和亲人的嘱托，满怀着对未来美好生活的向往。因此在大学期间，同学们不仅应提高知识水平，增强实践才干，更应坚定科学崇高的理想信念，这对同学们成长成人成才具有重要的意义。

新时代大学生应该成为高素质创新人才，不仅应具备较高的科技知识水平和能力，而且应具备较高的思想道德素质。在人才的综合素质中，思想道德素质居于重要地位。而理想信念又是思想道德素质的核心。我们的青春除了美丽和灿烂，还躲不开一副担子，那就是时代的责任、历史的使命。尽管新时代大学生的主要任务是完成学业，顺利成才，但请不要忘记自己作为一名大学生应确立的崇高人生理想信念。我们在确立职业理想之时应该脚踏实地，热爱自己所学的专业，勤奋学习，刻苦钻研，打下深厚的理论基础，练就一身过硬的技能本领，以认认真真做好本职工作为自己的奋斗目标，而不是好高骛远；要有能认认真真地做自己的工作，对工作执着认真、精益求精的精神。

【实践教学设计】

【项目一】课堂辩论——志当存高远

[辩论主题]

1. 正方：志当存高远。

2. 反方：立志不一定要高远，契合自己更为重要。

本主题为开放性题目，双方可结合自己所选议题，有理有据陈述即可，无论远大理想还是当前的现实理想，都以正确、积极向上为发展方向。

[实践目的]

通过对主题“志当存高远”与“立志不一定要高远，契合自己更为重要”正、反两方的辩论，使大学生对理想的选择有更加清醒的认识，从而在自己的人生道上正确地选择适合自己的人生理想，以利于自身的发展和人生价值的实现。

[方案建议]

1. 根据情况，以班级为单位或跨班级组合进行辩论。教师可作为本次辩论的主持人，宣布本次辩论的主题、基本要求并简单介绍正反两方辩手。

2. 观点陈述阶段辩论开始后，由双方一辩开始立论陈词，亮明本方观点。每方陈述时长不超过 3 分钟，要求观点明确、逻辑清晰、语言流畅，能正确地阐述本方观点。

3. 驳立论阶段：双方一辩陈述完毕后，由反方二辩和正方二辩分别反驳对方立论，每方时长为 3 分钟。本阶段，双方二辩除对对方的立论环节进行反驳以外，还可以补充和拓展本方的立论观点，巩固本方立场。

4. 质辩阶段：由双方三辩分别向对方一、二、四辩提出一个问题，然后由对方一、二、四辩回答。每方时长不超过 3 分钟。

5. 自由辩论阶段：由正方先开始发言，然后自由发言。发言者可以向对方提问，也可以直接表达自己的观点。无论是辩手还是其他同学都可以参与。整个阶段时长不超过20分钟。

6. 总结陈词阶段：由双方四辩分别做出最后的总结陈词，总结本方观点，阐述最后的立场。每方时长不超过3分钟。

7. 请任课教师对本次辩论做出点评，同时要求每个同学将本次辩论会的主要内容写成小结上交。

【项目二】问卷调查——新时代大学生的理想信念现状

为全面了解学生理想信念的总体趋势和发展方向，以及借助本调查进一步澄清新时代大学生自身理想信念状态，请同学们自己设计一套关于理想信念调查问卷，以便引领新时代大学生树立远大理想，坚定崇高信念，同时塑造自我理想信念，努力促进其成为中国梦的积极践行者。

［**参考资料**］

大学新生理想信念现状问卷调查

1. 您的性别是（　　）。

A. 男　　B. 女

2. 您是（　　）。

A. 大一　　B. 大二

C. 大三

3. 您认为成为一名大学生的主要目的是（　　）。［单选题］

A. 实现理想抱负

B. 学习，了解更多知识，提高自身素质

C. 获取文凭方便以后找工作

D. 为自己的人生奋斗打下基础

E. 混混日子

F. 找到人生的另一半

4. 刚入学时是否有为自己的大学三年制定目标？（　　）［单选题］

A. 没有　　B. 有，但是现在已经改变

C. 有，但是没有下一步计划　　D. 有，但现在发现好像不现实

5. 到了大学您是否重新调整了自己的理想？为什么？（　　）［单选题］

A. 不曾改变，专注于同一个理想并为之努力

B. 因思想逐渐成熟而改变

C. 因别人的影响而改变

D. 为适应家庭或就业形势而改变

6. 您对自己的认识度是（　　）。[单选题]

A. 清楚知道自己要什么，并努力追求着自己要的

B. 还在摸索当中

C. 走一步算一步以后再打算，现在开心就好

7. 您相信您会成功实现自己的理想吗？（　　）[单选题]

A. 我相信我会成功，因为我有信念的支撑

B. 我相信我会成功，但是我觉得我的成功与信念无关

C. 我还不知道，因为理想与现实相差太远，信念有时很空洞

8. 您认为可能会影响您追求理想的因素有哪些？由大到小排序。（　　）[排序题]

A. 个人能力有限

B. 碰壁，路途坎坷，总感到不顺心

C. 自己有能力却没有遇到好机遇

D. 学历的高低

E. 人际关系处理问题

F. 父母及其他人不赞同

G. 私人情感问题影响严重

9. 如果您买彩票中了一百万元你会怎么使用？（　　）[单选题]

A. 享受物质的富足，充实自己的精神生活

B. 投资或创业以赚更多的钱来从事慈善，帮助更多需要帮助的人

C. 用来当作实现理想的资本

10. 您觉得您人生观的建立，谁影响最大？（　　）（必答）

A. 父母长辈　　B. 朋友同学

C. 书籍　　D. 媒体

F. 生活阅历

11. 您是如何选择目前就读的专业的？（　　）[单选题]

A. 家人替自己选择的，并不是自己心中热爱的专业

B. 是自己一直感兴趣的

C. 根据社会就业前景做出的选择

12. 您觉得成功的标准是什么？（　　）[单选题]（必答）

A. 赢得他人和社会的尊重

B. 有财富地位

C. 有贡献

D. 平凡就算成功

13. 倘若您毕业了，政府号召您去经济欠发达的西部支援建设当地，您会去吗？（　　）［单选题］

A. 会　　　　B. 不会

C. 还不知道

14. 什么原因会使您放弃或改变理想？（　　）［单选题］

A. 我的思想成熟了

B. 我曾经努力过，但失败了，可能我真的无法做到

C. 别人劝我放弃，更现实点

D. 理想不现实，根本无法实现

15. 以下各项在您的大学课外生活中，花费时间比例比较高的三项是：（　　）［多选题］

A. 完成课内作业

B. 课外阅读学习读报、浏览时事等

C. 体育锻炼

D. 学生工作（社团活动等）

E. 上网玩游戏、聊天、看电影等

F. 社会工作（兼职等）

16. 您为实现理想的动力信念来自哪里？（最多选三项）（　　）［多选题］

A. 为了让家人能过上好日子

B. 为了让别人看得起

C. 为了自己美好的将来

D. 为自己的另一半而努力

E. 报效社会

F. 父母、师长及朋友的鞭策和鼓励

G. 实现人生价值

【项目三】诗抄朗诵——悼念先烈，祭奠英灵

［**实践目的**］

采用朗诵的方式，在悼念先烈、祭奠英灵的过程中，体验先烈们崇高的理想信念追求，从而激发新时代大学生奋勇前进的斗志，坚定理想信念，珍惜现在的美好生活，更好地开创未来。

［**方案建议**］

1. 由任课教师指导学生了解革命先烈的英雄事迹，挑选诗抄，让学生学习。

2. 学生学习后，根据自己的特长，选定诗抄进行演练。

3. 每个自然班级先在本班内部举行比赛，选出2~3名学生，再参加院系比赛。

4. 选拔优秀学生，参加实践教学会演。

[参考资料]

革命烈士诗抄选录

口占一绝

李大钊

壮别天涯未许愁，尽将离恨付东流。

何当痛饮黄龙府，高筑神州风雨楼。

李大钊（1889—1927），河北乐亭人，中国共产党的创始人之一，新文化运动和五四爱国运动的直接组织者和领导者，对中国早期马克思主义的传播起过重要作用。1927年4月，在反动军阀的白色恐怖中，李大钊被捕入狱，受尽各种严刑拷问，始终坚贞不屈、大义凛然，惨遭反动军阀杀害，牺牲时年仅38岁。

就　义　诗

夏明翰

砍头不要紧，只要主义真。

杀了夏明翰，还有后来人。

夏明翰（1900—1928），湖南衡阳人。五四运动时，是衡阳学生联合会的领导者。1928年3月18日被捕，3月20日即遭国民党反动派杀害。

就　义　诗

杨超

满天风雪满天愁，革命何须怕断头？

留得子胥豪气在，三年归报楚王仇！

杨超（1904—1927），江西德安人，共产党员。1927年12月27日在南昌市德胜门外下沙窝牺牲。

绝　笔　诗

周文雍

头可断，肢可折，革命精神不可灭。

壮士头颅为党落，好汉身躯为群裂。

周文雍（1905—1928），广东开平人，1927年12月广州起义时，曾任广州苏维埃政府人民劳动委员和工人赤卫总队总指挥。1928年春，他和爱人陈铁军同志不幸被捕牺牲。这首诗是周文雍同志写在监狱墙壁上的。

狱中诗

恽代英

浪迹江湖忆旧游，故人生死各千秋，

已摈忧患寻常事，留得豪情作楚囚。

恽代英（1895—1931），江苏武进人，1923 年被选为中国共产主义青年团中央执行委员，曾任团中央宣传部部长兼《中国青年》主编，1931 年 4 月在南京被国民党反动派杀害。

就义诗

吉鸿昌

恨不抗日死，留作今日羞。

国破尚如此，我何惜此头。

吉鸿昌（1895—1934），河南扶沟人，共产党员。1933 年任察绥民众抗日同盟军第二军军长。1934 年 11 月在天津被捕，后在北平英勇就义。

带镣行

刘伯坚

带镣长街行，蹒跚复蹒跚，

市人争瞩目，我心无愧怍。

带镣长街行，镣声何铿锵，

市人皆惊讶，我心自安详。

带镣长街行，志气愈轩昂，

拼作阶下囚，工农齐解放。

刘伯坚（1895—1935），四川平昌人，共产党员。曾任红军第五军团政治部主任。1935 年 3 月在战斗中受伤被俘，后英勇就义。

诗一首

方志敏

敌人只能砍下我们的头颅，

决不能动摇我们的信仰！

因为我们信仰的主义，乃是宇宙的真理！

为着共产主义牺牲，为着苏维埃流血，

那是我们十分情愿的啊！

方志敏（1899—1935），江西弋阳人。1931 年，在全国苏维埃第一次代表大会上，当选为中央工农民主政府执行委员。1935 年 8 月 6 日在南昌被国民党反动派杀害。

【项目四】分组讨论——新时代大学生的历史使命和责任担当

［实践目的］

1. 了解综合国力的基本内容。
2. 了解科技文化竞争的重要地位。
3. 认清新时代大学生的历史使命。
4. 自我分析：如何树立马克思主义的科学信仰。
5. 学会使用网络搜集、整理、分析资料。

［方案建议］

1. 组建团队，建议5 ~7 人。
2. 小组探讨、分工。
3. 通过上网及其他途径查找资料，了解以下问题：什么是综合国力？综合国力的竞争包括哪些方面？什么是科技文化竞争？科技文化竞争在综合国力竞争中为什么处于核心位置？在国际上我国的科技文化与当今世界其他国家相比处于什么样的阶段？当代大学生的历史使命是什么？为什么要树立马克思主义的科学信仰？联系自身实际，如何践行自己的历史使命？
4. 小组内部讨论、主题演讲、视频观看等。
5. 在教师指导下，小组拓展探讨，进行材料提炼。
6. 各小组紧密联系实践主题，抓住研究主题，形成 Word 研究论文和 PPT 报告。
7. 小组成果汇报。

【影视鉴赏】

纪录片《不朽的马克思》（上、下集）

内容简介：

《不朽的马克思》是为纪念马克思诞辰200 周年，中宣部指导中央党史和文献研究院、中央广播电视总台联合摄制的2 集电视纪录片。

该片讲述了没有上过小学的马克思在深受法国资产阶级思想影响的父亲的指导下接受了启蒙教育，17 岁时就立下了“为人类而工作”的宏大志向。为了追寻真理，与旧世界的反动势力做坚决斗争，马克思先后做过《莱茵报》的主笔、《德法年鉴》的主编，创作了《资本论》，研读了大量著作，为全世界无产阶级和被压迫民族谋求解放的理论武器，在崎岖的科学道路上不断攀登。

请同学们到网上下载本纪录片观看并准备课堂讨论发言。

【延伸阅读】

让生活与理想“和解”

章正

快到毕业季了，最近身边有个朋友抱怨，选择工作比选择女朋友更难。摆在他面前的有两个选择：一个是民营企业，收入高有诱惑，另一个是某高校的临时岗位，收入少但是兴趣所在。

共青团北京市委调查显示，61.7%的非公企业青年期望能到企事业机关单位中工作。一手是现实生活，一手是理想追求。可以推断，有的青年在当初选择非公企业时，也少不了同样的纠结与彷徨。

面对生活与理想，我们该如何平衡？20世纪80年代初，“潘晓讨论”深深地影响着一代年轻人。在署名为潘晓的来信中有这样段话：“对人生的看透，使我成了一个双重性格的人。一方面我谴责这个庸俗的现实；另外一个方面，我又随波逐流。”其讨论的观点现在看来充满着浪漫主义气息，青年要有理想，理想先行才能获得更大的利益。

与潘晓一样，在不少人的观念里，生活与理想总是“互斥”的，而如何选择，已经成为钟摆的两端——非此即彼。从小学到大学，主流的教育让学生要树立远大理想，而不能只顾现实利益。而一旦进入社会，生活成本大、房价高、工资低……现实压力扑面而来，以至于年轻人不得不低头。于是，现实的生活成为第一选择，逐渐影响着理想的实现。

可是，社会价值变得多元，现实生活与理想追求的选择，有时也会产生冲突。在云南鲁甸地震之后，一位河北的志愿者放弃工作，因为热心公益，只身来到灾区。他选择了理想，但也遭到了家人的强烈反对，认为辛苦培养起来的孩子，应该安安心心上班，做志愿者并不能“当饭吃”。这让他十分苦恼，感到生活和理想之间的矛盾无法调和。

为什么生活与理想总是无法实现“和解”，甚至会产生矛盾？正如手表定理一样，当一个人有一块表时，可以知道几点钟。而当他同时拥有两块表时，却无法确定时间。因为有两块手表，价值尺度多了，反而找不到准确的时间。对于青年而言，标准多了后，反而阻碍了他们的自我实现。

其实，互联网的普及也带来了个体化的时代，人类的生活以个体化的形式呈现出来，选择也更加自由了。许多问题的答案，无须采用传统的方法求解，可以回归到个体直接寻得答案。对于青年而言，是走一条别人走过无数遍的路，还是自己选择起点，这并不是问题。正如一句话：选择你所爱，爱你所选择，反而是最优选择。生活与理想，不必偏执地选择一端，如果将两者对立，反而将自己禁锢。一旦这般“认真”，或许你就输了。

选择自己喜欢的就好，这不是年轻人的自私，只要符合自己的偏好，权衡之后做出的选择，应当得到尊重。在当下，不能让他们因过早背负太大压力而难以前行。选择本身无关生活与现实，也无关对与错。事实上，很多历史都不是刻意选择出来的，而是由那些看似不计后果，甚至是看似癫狂的年轻人所创造的，我们不必让年轻人过多纠结于生活与理想之间。毕竟，把选择交给他们自己，或许下一个乔布斯就会诞生。

对于年轻人而言，即便是蜗居在出租屋，也不影响他们看艺术展的心情；即便是在非公企业苦哈哈地干活，他们的心情依然舒畅；即便是上班挤着公交地铁，他们仍保持着热情。如此，年轻人的生活与理想“和解”，至少可以避免类似阿Q的遗憾：把不奋斗的原因，归结于生活或者理想。

（资料来源：共青团北京市委员会. 中国式奋斗［M］. 北京：中国人民大学出版社，2016：39－40.）

【知识检测】

一、单项选择题

1. 理想信念是人类特有的（　　）现象。

A. 精神　　B. 物质　　C. 生理　　D. 物理

2. 大学生只有确立（　　）的科学信仰，才能真正确立崇高的理想信念，在错综复杂的社会现象中看清本质、明确方向，为服务人民、奉献社会做出更大的贡献。

A. 共产主义　　B. 马克思主义

C. 理想主义　　D. 现实主义

3. 在中国共产党领导下，坚持和发展中国特色社会主义，实现中华民族伟大复兴，必须树立（　　）共同理想。

A. 中国特色社会主义　　B. 马克思主义

C. 理想主义　　D. 现实主义

4. （　　）是实现理想的重要条件。

A. 艰苦奋斗　　B. 物质条件　　C. 生理条件　　D. 环境

5. 中国民主革命的先行者（　　）曾激励广大青年：要立志做大事，不要立志做大官。

A. 李大钊　　B. 孙中山　　C. 胡适　　D. 陈独秀

6. 社会理想是指社会集体乃至社会全体成员的共同理想，即在全社会占（　　）地位的共同奋斗目标。

A. 特殊　　B. 一定　　C. 一般　　D. 主导

7. 共产主义是崇高的社会理想，是关于（　　）解放的学说，同时也是一种现实运动。

A. 资产阶级　　B. 地主阶级　　C. 无产阶级　　D. 农民阶级

8. 党政军民学，东西南北中，（　　）是领导一切的。

A. 党　　B. 政　　C. 军　　D. 民

9. （　　）是最高层次的信念，具有最大的统摄力。

A. 信仰　　B. 理想　　C. 精神　　D. 胜利

10. （　　）是衡量一个人精神境界高下的重要标尺。

A. 理想信念　　B. 无私奉献　　C. 努力奋斗　　D. 道德高尚

二、多项选择题

1. 理想是多方面和多类型的，根据不同的标准，可分为个人理想和社会理想、近期理想和远期理想、（　　）等。

A. 生活理想　　B. 职业理想　　C. 道德理想　　D. 政治理想

2. 共产主义是（　　）相统一的过程。

A. 现实运动　　B. 长远目标　　C. 理想运动　　D. 中期目标

3. 个人理想是指处于一定（　　）中的个体对于自己未来的物质生活、精神生活所产生的种种向往和追求。

A. 现实条件　　B. 环境关系　　C. 历史条件　　D. 社会关系

4. 墨子说“志不强者智不达”，诸葛亮说“志当存高远”。这里的“志”具有双重含义：（　　）。

A. 对未来目标的向往　　B. 实现奋斗目标的顽强意志

C. 对未来成长的向往　　D. 实现人生幸福的顽强意志

5. （　　），是当代中国最大的现实，也是全体中国人民共同的社会理想。

A. 坚持和发展中国特色社会主义

B. 实现中华民族的伟大复兴

C. 坚持和发展共产主义

D. 实现中华民族的强大

三、判断对错（在括号内，正确的打√，错误的打×）

1. 理想之所以能够成为一种推动人们创造美好生活的巨大力量，就在于它不仅源于现实，而且超越现实。（　　）

2. 离开了实践，任何理想的产生都是不可思议的。（　）

3. 信念一旦形成，就不会轻易改变。（　）

4. 理想指引方向，信念决定成败。（　）

5. 马克思主义具有与时俱进的理论品格和持久生命力。（　）

6. 中国共产党的领导是中国特色社会主义最本质的特征。（　）

7. 共产主义远大理想的最终实现是一个漫长、艰辛的历史过程，需要一代又一代人付出艰苦的努力。（　）

8. 理想与现实是对立统一的。（　）

9. 社会理想以个人理想为指引。（　）

10. 个人理想是对社会理想的凝练和升华。（　）

扫描二维码查看参考答案：

第三章
弘扬中国精神

【名人警句】

人无精神则不立，国无精神则不强。精神是一个民族赖以长久生存的灵魂，唯有精神上达到一定的高度，这个民族才能在历史的洪流中屹立不倒、奋勇向前。

——习近平

【学习要点】

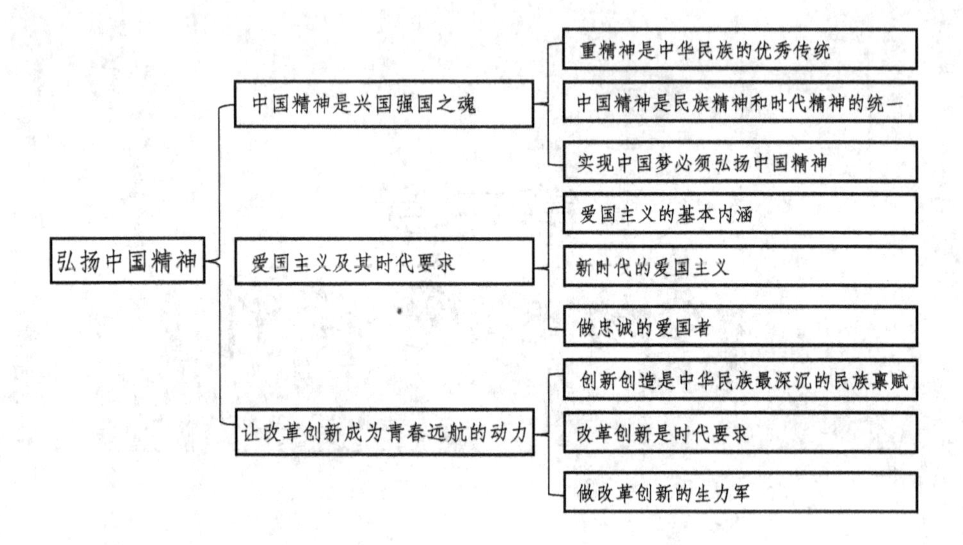

【学习目标】

1. 了解重精神是中华民族的优秀传统，掌握中国精神的主要内容。

2. 深刻理解爱国主义的基本内涵，正确认识和把握新时期爱国主义的主题，明确做一名忠诚的爱国者的基本要求。

3. 树立改革创新的意识，注重在改革创新中奉献服务社会，实现人生价值，提高将改革创新的思想理念转化为实际行动的能力和本领。

【学习重点】

1. 中国精神的内容构成及其内在辩证关系。
2. 爱国主义的基本内涵和改革创新的重要性。
3. 当代大学生做忠诚的爱国者的途径。
4. 当代大学生做改革创新生力军的途径。

【阅读欣赏】

可爱的中国

朋友！中国是生育我们的母亲。你们觉得这位母亲可爱吗？我想你们有和我一样的见解，都觉得这位母亲是蛮可爱蛮可爱的。

听着！朋友！母亲躲到一边去哭泣了，哭得伤心得很呀！她似乎在骂着："难道我四万万七千万的孩子，都是白生了吗？难道他们真像着了魔的狮子，一天到晚地睡着不醒吗？难道他们不知道用自己伟大的团结力量，去与残害母亲、剥削母亲的敌人斗争吗？难道他们不想将母亲从敌人手里救出来，把母亲也装饰起来，成为世界上一个最出色、最美丽、最令人尊敬的母亲吗？"朋友，听到没有母亲哀痛的哭骂？是的，是的，母亲骂得对，十分对！我们不能怪母亲好哭，只怪得我们之中出了败类，自己压抑自己，眼睁睁地望着我们这位挺慈祥美丽的母亲，受着许多无谓的屈辱和残暴的蹂躏！这真是我们做孩子们的不是了，简直连一位母亲都爱护不住了！

朋友，从崩溃毁灭中，救出中国来，从帝国主义恶魔生吞活剥下，救出我们垂死的母亲来，这是刻不容缓的了。但是，到底怎样去救呢？我想，欲求中国民族的独立解放，决不是哀告、跪求、哭泣所能济事，而是唤起全国民众起来斗争，都手执武器，去与帝国主义进行神圣的民族革命战争，将他们打出中国去，这才是中国唯一的出路，也是我们救母亲的唯一方法，你们说对不对呢？

不错，目前的中国，固然是江山破碎，国弊民穷，但谁能断言，中国没有一个光明的前途呢？不，决不会的，我们相信，中国一定有一个可赞美的光明前途。中国民族在很早以前，就造起了一座万里长城和开凿了几千里的运河，这就证明中国民族伟大无比的创造力！中国在战斗之中一旦斩去了帝国主义的锁链，肃清自己阵线内的汉奸卖国贼，得到了自由与解放，这种创造力，将会无限地发挥出来。到那时，中国的面貌将会被我们改造一新。所有贫穷和灾荒，混乱和仇杀，饥饿和寒冷，疾病和瘟疫，迷信和愚昧，以及那慢性的杀灭中国民族的鸦片毒物，这些等等都是帝国主义带给我们的可憎的赠品，将来也是要随着帝国主义被赶走而离去中国了。朋友，我相信，到那时，到处都是活跃的创造，到处都是日新月异的进步，欢歌将代替了悲叹，笑脸将代替了哭脸，富裕将代替了贫穷，康健将代替了疾苦，智慧将代替了愚昧，友爱将代替了仇杀，生之快乐将代替了死之悲哀，明媚的花园将代替了凄凉的荒地！这时，我们民族就可以无愧色地立在人类的面前，而生育我们的母亲，也会最美丽地装饰起来，与世界上各位母亲平等地携手了。

这么光荣的一天，决不在辽远的将来，而在很近的将来，我们可以这样自信，朋友！

（资料来源：方志敏《可爱的中国》节选）

【学习案例】

【案例一】黄大年：振兴中华乃我辈之责

黄大年，世界著名地球物理学家。在祖国最需要的时候，他秉持科技报国的理想回国，他把国家需要视为毕生追求，把服务国家看作自己最好的归宿，直到生命的最后一刻。

一周前的7月5日，黄大年同志生前规划的“十三五”国家重点研发计划——航空重力梯度仪研制通过了最后的审核。这是黄大年离开后的第179天。

这是一项具有极高战略意义的研究。近年来，全球都面临地表浅层的矿藏“资源枯竭”的问题。向地球深部要资源，成为世界各国科技竞争的一个制高点。

此前，黄大年在英国奋斗了18年，从事的正是通过快速移动平台，对海洋和陆地复杂环境实施精确探测的技术研发，是这一领域享誉世界的科学家。得知国家启动“千人计划”，号召海外知识分子回国报效，2009年，黄大年舍弃了在海外的优越生活，全职回国。

航空重力梯度仪，形象地说，就是在飞机、舰船、卫星等移动平台上安装了“千里眼”，能看穿地下每一个角落。这一技术不仅可以民用，进行深层能源的分布探测，更关乎国土安全，能让潜伏在深海的目标无所遁形。黄大年选择了用燃烧自己的方式，去追赶国外的研究。他办公室的灯永远是最晚熄的，他的午餐通常都是面包和烤玉米，他出差只买最晚的航班。大家把这位惜时不惜命的科学家称为“科研疯子”“拼命黄郎”。

黄大年作为主持“地球深部探测关键仪器装备项目”的首席科学家，掌握着五亿多的科研经费，向他来要项目的人不少，但他从不徇私情，而是放眼全国，寻找最适合的科研单位一同攻关。

在黄大年的心中，“国家利益”是唯一的标准。在他的感染下，很多海外科学家也都选择了回国报效。

回国短短7年，黄大年带领400多名科学家创造了多项“中国第一”，为我国“巡天探地潜海”填补了多项技术空白。其中，航空重力梯度仪的研究，更是仅用5年时间就完成了西方国家20多年走过的路程。在他的推动下，2016年9月，一个辐射多学科的科研特区“交叉学部”在吉林大学初步形成，而极度透支的7年，却让黄大年的健康亮起了红灯。

2016年12月8日，黄大年因胆管癌住进医院。可就连在病床上，他还不忘和学生、同事讨论科研进展。

23岁那年，黄大年在毕业相册中写下：振兴中华，乃我辈之责。29岁那年，他又在入党志愿书上写下了这样一段话，并用之后的每一天，兑现着年轻时的誓言："人的生命相对历史的长河不过是短暂的一现，随波逐流只能是枉自一生，若能做一朵小小的浪花奔腾，呼啸加入献身者的滚滚洪流中推动历史向前发展，我觉得这才是一生中最值得骄傲和自豪的事情。"

（资料来源：共产党员网，2017年7月12日）

案例点评：

黄大年的事迹之所以令人动容，是因为他在人生一次又一次的选择面前，把事业看得更重，把奉献看得更重，把祖国看得更重。黄大年把爱国之情、报国之志融入祖国改革发展的伟大事业之中、融入人民创造历史的伟大奋斗之中，从自己做起，从本职岗位做起，为我们树立了先进榜样。理想因报国而澎湃，祖国终将记住那些奉献于祖国的人。本案例可以启发大学生在今后的学习和工作中奋发图强、艰苦奋斗，为实现中华民族伟大复兴的中国梦做出自己的贡献。

【案例二】施一公："一心为公"的学术大师

1967年5月5日，施一公出生于中国河南郑州的一个知识分子家庭，父亲为他取名为"一公"，希望他长大以后能一心为公。

1985年他被保送进清华大学生物系，成为清华生物系复系之后的第一届本科生，并于1989年提前一年从清华毕业。1990年年初，他获全额奖学金进入美国十大名校之一的霍普金斯大学。2003年，年仅36岁的他成为普林斯顿大学分子生物学系史上最年轻的正教授，也成了世界各个顶级大学争相聘请的对象。

为了他这个难得的人才，普林斯顿给他提供了无比优厚的条件：他的实验室占了整整一层楼，是普林斯顿分子生物学系最大的，他的科研基金也是系里最高的。生活上就更不必说，学校资助他购买了500平方米的独栋别墅，还有很大的花园。2007年，他又被授予普林斯顿大学最高级别的教授职位，终身讲席教授。

但优厚的待遇并没能改变他惆怅的心情。2006年5月，施一公回国参加中国生物物理学年会。其间，时任清华大学党委书记的陈希找到他说："清华急需人才，希望一公回国。"在与妻子商量后，施一公只用了一个晚上就接受了这个邀请。

施一公不止一次地在公开场合提到过，自己回国的根本目的是为了：育人，培养一批有理想、敢担当的年轻人，在他们可塑性还较高的时候去影响他们。

他手把手地亲自教学生做实验，给本科生上课，每年将近100个课时，鼓励学生有理有据地跟他唱“反调”，怂恿学生挑战他，尽力启发学生的思维。

《细胞》《自然》《科学》（合称CNS）是世界公认的三大自然科学类权威学术期刊，从他回国后，他和清华团队就在CNS上频繁发文，“从1984年清华大学恢复生物系到2009年，全系在《科学》杂志上只发表过一篇研究论文。但在过去8年中，我们在《自然》和《科学》上一共发表了60多篇。我们可以自豪地说，这5年在结构生物学领域，世界上不会有任何一所大学比清华大学发展得更快。我们完成了从远远地看着别人领跑，到跟跑，再到现在领跑的飞跃。”施一公自豪地说。

除了学校里的教学和科研工作外，施一公也有许多社会职务。回国后不久，施一公就和北京大学的饶毅、陈十一等科学家联名起草了一份建议书，希望国家实施“国家教授计划”，用特殊的方案和政策积极引进海外高层次人才。2008年年底，国家“千人计划”正式启动，在海内外引起强烈反响。作为学术界的领军人物，施一公的回国，影响了一批批海外学者回到祖国效力，他们中很多人直言，“施一公都回来了，我还有什么可说的？”

短短5年，他就先后把全球70多名优秀人才引回清华大学全职工作，美国最具影响力的《纽约时报》惊呼：“也许因为施一公，中国对美国的人才流失开始反转了！”

2017年10月29日，施一公获得未来科学大奖生命科学奖及100万美元奖金，以表彰他在“解析真核信使RNA剪接体这一关键复合物的结构”方面为世界做出的贡献。

目前，施一公除了在清华的科研以外，另一个重要工作在今年刚刚成立的西湖大学，担任西湖大学校长的他，希望集结社会力量和资金为中国办一所世界一流的民办大学，他不断强调未来中国经济发展靠的将是人才，而这也正是他回国的初衷——“育人”，他做到了真正的初心不变。

（资料来源：未来论坛，2018年9月6日）

案例点评：

本案例是青年学者施一公放弃国外优越条件毅然回国从事科学研究的故事。钱学森、邓稼先、华罗庚……这些我们耳熟能详的科学家都有一个共同点，那就是在他们的心中，祖国母亲占据着至高无上的地位，即使国外的待遇再丰厚，也无法阻挡他们回归祖国的脚步。时代发展到今天，施一公和上述的科学家一样，依然时刻心系祖国，矢志不渝。这种朴素的爱国情怀所蕴含的巨大力量不仅冲击着我们的心灵，也成为中华民族兴旺发达的不竭动力。

【案例三】南仁东：二十载铸就大国重器

2017 年 11 月 17 日，“天眼”之父南仁东被追授“时代楷模”荣誉称号。

“美丽的宇宙太空，以它的神秘和绚丽，召唤我们踏过平庸，进入无垠的广袤。”在探寻星空奥秘的路上，南仁东如同自己所写的这首诗一样，24 年如一日，在贵州的崇山峻岭间负任蒙劳，为“中国天眼”呕心沥血，燃烧到生命最后一瞬。

FAST 是南仁东人生当中最后一次拼搏，虽然没能亲眼看到它产出科学成果的那一天，但遥望“天眼”，他应该知道，倾注一生的事业已经成功了。

2017 年 10 月 10 日，中科院国家天文台发布了 500 米口径球面射电望远镜（FAST）取得的首批成果，FAST 望远镜探测到数十个优质脉冲星候选体。十九大报告中，“天眼”与蛟龙、墨子、悟空等科技成果一起，共同被列为创新驱动发展战略的丰硕成果。

俯瞰大地，老百姓习惯将 FAST 比喻成一口“大锅”，这口锅很大，直径 500 米，有 30 个足球场那么大；这口锅很难造，历时 22 年，南仁东从 391 个备选的洼地中选中了条件最适宜、独一无二的大窝凼。

在“天眼”设计之初，曾有人认为这是一个不可能完成的任务。但是南仁东敢为人先，用二十余载的时光筑成了这个奇迹。

时间倒回到 1993 年，在日本东京国际无线电科学联盟大会上，科学家们提出应该在地球的无线电波环境恶化之前，建造新一代射电望远镜，接收更多来自外太空的讯息。

听到消息的南仁东难掩激动和兴奋，他从那时就下定决心，要做新一代射电望远镜的领跑者。当时中国最大的射电望远镜口径只有 30 米，从 30 米到 500 米，从壮年到暮年，南仁东为此付出了一生的心血。

为了给“天眼”找到独一无二的台址，南仁东无数次往返于北京和贵州之间，带着 300 多幅卫星遥感图，用双脚丈量了贵州大山的角角落落。有一次他下窝凼时，瓢泼大雨从天而降，眼看山洪就要冲下来了，他往嘴里塞了救心丸，连滚带爬回到垭口，全身都湿透了。最终贵州天然喀斯特巨型洼地成为望远镜台址，使得望远镜建设得以突破百米极限。

整个“天眼”工程划分成五大系统，每个系统的工作都是千头万绪，南仁东作为首席科学家，承担的任务更是繁重异常。然而，工程的每一张设计图纸他几乎都会详细审核，并且提出指导意见。他曾说：“国家投了那么多钱，我必须要负责，如果 FAST 有一点瑕疵，我对不起国家，对不起贵州人民。”

如今，“天眼”已成为当之无愧的国之重器，未来还将开展巡视宇宙中的中性氢、研究宇宙大尺度物理学、主导国际低频甚长基线干涉测量网、获得天体超精细结构、探测星际分子、搜索可能的星际通信信号等工作。

2015年，南仁东查出了肺癌，术后他说话的声音沙哑了，但依然坚守在工作岗位上。2017年9月15日，72岁的南仁东永远地闭上了双眼，我们在星空的这一端，而他在星空的那一端。“天眼”已建成，他跨越了时间鸿沟，将生命永远留在宇宙一角。

（资料来源：科学网，2017年11月20日）

案例点评：

时代精神是每一个时代特有的普遍精神实质，是一种超脱个人的共同的集体意识。时代精神是一个时代的人们在文明创建活动中体现出来的精神风貌和优良品格，是激励一个民族奋发图强、振兴祖国的强大精神动力，构成同时代精神文明建设的重要内容。案例中的南仁东不计个人名利得失，长期默默无闻地奉献在科研工作第一线，与全体工程团队一起通过不懈努力，迈过重重难关，实现了中国拥有世界一流水平望远镜的梦想。南仁东是党的十九大召开之后，第一位获得由中宣部授予的“时代楷模”荣誉称号的先进人物，他的名字与“中国天眼”已融为一体。他身上所折射出的时代精神、人格魅力和职业素养，都无愧于这个伟大的称号。

【案例四】李斌：传承工匠精神谱写敬业之歌

1960年5月18日，李斌出生于上海，1978年，他考入机电一局的厂办技校学习车床技术。1980年12月进入上海液压泵厂工作。1982年，他报考了上海电视大学，利用业余时间学习机械制造工艺及设备，也成为改革开放后厂里第一个考上大学的人。从此，他便与数控机床有了“不解之缘”，并很快成长为样样精通的“数控全才”。

从那时起，李斌一刻也没有离开过企业一线岗位，他虚心好学，刻苦钻研，精通车、钳、铣、刨、磨全套加工技术。他在学习、钻研各种加工技术的同时，深入思考如何尽快改变我国机械制造业加工落后的面貌，如何提高中国产业工人的地位。他把一生全部奉献给了他所热爱、忠诚并为之奋斗的中国液压气动制造业。

1986年和1988年，李斌两次被派往德国海卓玛蒂克公司瑞士分公司工作学习。在此期间，他全身心投入，掌握了数控设备的加工、编程、工艺、维修四大技能。

1995年以后，李斌先后担任上海液压泵厂数控车间工段长、上海电气液压气动有限公司总工艺师。他努力消化吸收引进设备，开发功能，他领衔的高压轴向柱塞泵马达国产化关键技术攻关项目突破了11项关键技术，达到国内领先、国际先进水平，使我国真正拥有国际先进的液压元件制造技术，打破了国外技术垄断。

“一个人带动一群人”。在他的带领下，全公司技术革新项目一个个完成，取得了非凡的成绩。尤其近十年来，共完成新产品项目102项，申报专利192项，完成工艺攻关350项，设计专用工具、夹具550把，为企业创造效益超过6亿元人民币，最大限度地提升加工水平，极大地提高了企业的技术水平和加工能力，创造了巨大的企业效益和良好的社会效益，把我国液压气动行业的整体水平提高到一个新水平。

在上海液压泵厂一直有一个说法，“李斌是一个一百万都换不走的工人”。由于在外培训期间表现出的精湛技艺，曾经有国外的公司提出希望李斌留在自己公司里，并且以一台市值人民币一百多万元的数控机床作为交换条件，向当时李斌所在单位要求，厂领导坚定地说，李斌留下，一百多万元的东西拿走。而李斌自己也更希望留在厂里，因为他知道中国的企业高技能人才奇缺，企业需要他们。

进入新时代以来，工匠精神提高到了前所未有的高度。作为一线工人的代表，李斌更是不遗余力地为广大工人呼吁。他时刻关注技术工人的现状和未来，为全面加强产业工人队伍建设，提高技术工人的素质、待遇，他不时提出建设性意见，不少建议被有关部门采纳。尤其是作为党代会代表和全国、上海人大代表，他立足上海，放眼全国，积极开展调查研究，主动建言献策。

2016年的全国两会上，李斌作为上海团代表还专门向习总书记汇报了对当前工人队伍建设的思考。他期待全社会能再给一把力，形成尊重一线工人劳动价值的社会氛围，让技工感觉更光荣体面、更有尊严，将有助于汇聚起一批潜在的能工巧匠。

2017年全国两会，李斌代表通过深入调研和实地考察后，曾提交了一份关于加强关键基础零部件技术的议案，表示基础零部件已成为制约“中国制造”提升质量的瓶颈，应加强关键基础零部件技术攻关，使之尽快达到世界先进水平。

（资料来源：搜狐网，2019年2月27日）

案例点评：

李斌在平凡的工作岗位上做出了不平凡的贡献，因为工匠精神，李斌专注坚守、精益求精、埋头苦干、善于创新，折射出新时期以来以改革创新为核心的时代精神。爱国是每个公民义不容辞的责任和义务，就各行各业而言，敬业就是爱国的具体体现。当代大学生应以实现中华民族的伟大复兴为己任，把握时代脉搏，不断提高自己创新创造的能力和本领，勇做改革创新的实践者，将弘扬改革创新精神贯穿于实践中、体现在行动上。

【实践教学设计】

【项目一】课堂讨论——命题讨论

讨论命题：某些发达国家的政要和学者积极宣称，“民族国家和时代已经过去”“爱国主义已经过时了”。我们应怎样看待这个问题？

[实践目的]

通过学生课堂讨论展开分析，明确在经济全球化背景下必须弘扬爱国主义精神。对当代大学生来说，在把握经济全球化趋势与爱国主义相互关系的问题上，在经济全球化过程中，要始终维护国家的主权和尊严，人有地域和信仰的差别，但报效祖国不受限制。

[方案建议]

1. 分组，以小组为单位，对讨论命题进行讨论，并对讨论结果进行总结。

2. 每个小组派一人做代表，陈述本组的观点。

3. 任课教师组织集体讨论与论证。

【项目二】问卷调查——当代大学生的爱国意识

[实践目的]

通过对当前大学生的爱国意识进行问卷调查，了解当代大学生在爱国主义方面的现状与问题，帮助大学生正确认识爱国主义的科学内涵，继承爱国主义优良传统，弘扬中国精神，做一个忠诚的爱国者。

[方案建议]

1. 设计问卷。

2. 发放问卷，向被访者解读调查研究的必要性，指导被访大学生填写问卷。

3. 回收问卷并对问卷结果进行统计。

4. 分析统计结果，总结当代大学生的爱国意识现状。

5. 结合被访大学生的问卷回答情况，总结什么是爱国主义，如何做一名忠诚的爱国者。

[参考资料]

当代大学生的爱国意识调查问卷

亲爱的同学，您好，我们正在开展思想道德修养与法律基础课程的实践活动，我们的主题是想了解当代大学生的爱国主义意识，请允许我们耽误您几分钟完成这份问卷，我们将万分感激！

1. 你觉得一个国家公民的爱国主义精神的重要性如何？（　　）

A. 非常重要　　　　B. 重要

C. 不重要　　　　D. 无所谓

2. 你对目前中国的国情以及在国际上的地位了解吗？（　　）

A. 非常了解　　　　B. 一般了解

C. 不太了解

3. 你会观看新闻了解国情吗？（　　）

A. 偶尔看　　　　B. 经常看

C. 从来不看

4. 你对爱国主义的态度如何？（　　）

A. 有一颗爱国之心，我为此感到自豪

B. 我们都是中国人，爱国是应该的

C. 不以为然

D. 其他

5. 在你眼中大学生是一个怎样的爱国主义群体？（　　）

A. 现代大学生大多数是理性的爱国者

B. 现代大学生大多数是不理性的爱国者

C. 现代大学生爱国主义意识薄弱

D. 现代大学生缺乏爱国主义意识

6. 就你个人而言，什么情况下会燃起你的爱国主义情怀？（　　）

A. 时刻都怀有爱国主义情怀

B. 当发生某件相关事件时会

C. 偶尔会想到，但觉得它概念比较空

D. 很少想过

7. 你觉得一个大学生的爱国主义精神表现在哪些方面？（　　）［多选］

A. 热爱中国传统文化，弘扬中华民族的优秀精神与传播中华文明

B. 热爱党，热爱社会主义社会，努力构建社会主义和谐社会

C. 积极关心国家大事，时刻等待国家号召，为国家的发展奉献自己的力量

D. 好好学习，天天向上就是对祖国最大的贡献

8. 你认为爱国主义是抽象的吗？（　　）

A. 是　　　　B. 不是

9. 你认为大学生有必要参加国旗升降仪式吗？（　　）

A. 很有必要　　　　B. 一般

C. 没必要　　　　D. 无所谓

10. 目前我们国家飞速发展，国际声望越来越高，你是否感到了一股强烈的民族自豪感？（　　）

A. 非常自豪　　B. 自豪，但与发达国家仍有差距

C. 一般，感觉不到有多大变化　　D. 没有自豪感

11. 我们现在处于和平年代，你认为我国继续弘扬先辈们甘于奉献、敢于牺牲的爱国主义精神是否具有现实意义？（　　）

A. 非常有意义，没有革命先烈们甘于奉献、敢于牺牲的爱国主义精神，就没有我们现在安居乐业的生活，我们要时刻记得他们这种精神，并将之传承下去

B. 有意义，但是在和平年代强调敢于牺牲的精神有点杞人忧天

C. 没有意义，和平年代，强调甘于奉献、敢于牺牲的大无畏的爱国主义精神是不合理的，我们应该保持平静的心态，好好生活，就算为构建和谐社会做贡献了

D. 爱国主义精神离我们太远，我也不清楚有没有现实意义

12. 中国上下五千年，文化源远流长。你对我国传统文化了解多少呢？（　　）

A. 非常了解，我为我国源远流长的文化而感到自豪

B. 比较了解

C. 了解一点点

D. 基本不了解

13. 你认为过传统节日对于弘扬爱国主义有帮助吗？（　　）

A. 有，过传统节日有利于弘扬民族精神，是爱国的表现

B. 没有，传统节日太死板，还是西方的好，不过传统节日一样可以爱国

C. 除了放假，它对我没有任何意义

14. 你觉得中国人是否应该把外国节日过得像中国传统节日那么隆重？（　　）

A. 很应该，一起过挺好的嘛

B. 应该，过西方节日与过传统节日没有冲突

C. 不应该，西方节日会让人淡忘传统节日

D. 不清楚

15. 你会选择哪些方式来表达你的爱国情怀？（　　）

A. 在国家的利益受损时勇敢地站出来，为祖国的利益而拼命

B. 认真地思考，爱国不一定要轰轰烈烈地牺牲，我们要从实际出发，做对国家有益的事

C. 好好地学习，发展一技之长，为祖国的建设添砖加瓦

D. 让爱国之情永驻心头

16. 作为一名大学生，你将在今后的生活中如何培养自己的爱国主义情怀？（畅所欲言）

【项目三】歌咏比赛——我和我的祖国

［实践目的］

“诗言志，歌咏言，文以载道。”在学习“爱国主义的科学内涵”时组织学生开展以“我和我的祖国”为主题的歌咏比赛，使学生充分领略爱国歌曲激奋人心的动人旋律，感受爱国主义精神，激发学生热爱祖国的思想感情，增强对祖国的归属感和认同感。

［方案建议］

1. 活动时间：2学时。

2. 活动地点：多媒体教室。

3. 活动方式：歌咏比赛。

4. 活动流程：

（1）3～5人为一组，设1名组长。

（2）由组长组织小组成员，搜集爱国主义歌曲，并搜集歌曲背后的感人故事。

（3）各小组可根据小组成员的特长，进行独唱或合唱表演，要求每位小组成员都要参与其中，可采用歌伴舞等形式。

（4）表演结束后，由一位小组成员向大家讲述歌曲背后的故事。

（5）教师根据各组的表现分别为各小组打分。打分表格如下：

评分项目	分值	得分
搜集歌曲情况	30	
歌曲演唱情况	40	
歌曲创作背景讲述情况	20	
团队配合情况	10	

【项目四】观红色电影，写心得体会——传承红色经典，弘扬中国精神

［实践目的］

红色电影记录了革命前辈、革命烈士的光荣事迹，以艺术的手段再现英烈的伟大精神，集中反映了中国共产党带领中国人民进行革命、建设及实现民族

伟大复兴的光辉历程。因此，充分发挥红色资源的育人功能，以“传承红色经典，弘扬中国精神”为主题，学生观看一部红色经典影片，撰写心得体会，在直接、深入地感受中国精神的基础上，继承革命前辈艰苦朴素、自强不息的奋斗精神，自觉投身到中华民族伟大复兴的实践中。

[方案建议]

1. 活动时间：2 学时。

2. 活动地点：多媒体教室。

3. 活动准备：教师提前下载好红色经典电影。

4. 活动成果：学生课后撰写观影感受，教师选择有代表性的心得体会在课堂上分享。

【影视鉴赏】

纪录片《我爱你，中国》之“热血军人篇”

内容简介：

《我爱你，中国》之“热血军人篇”紧扣时代脉搏，呼应时代需要，聚焦对祖国有深厚感情的特定群体，展现英雄式普通人背后赤诚的家国情怀，是宣传贯彻习近平新时代强军思想的生动实践。《我爱你，中国》之“热血军人篇”以解放军真实生活为创作素材，以军旅真实故事为表现对象，不仅真实展现军旅生活、军事装备、作战技能，更从场景、画面、语言中流露出强大的爱国主义情怀、集体主义精神以及舍小我为大我的崇高品质，具有极强的精神感召力，能深深抓住观众的心。

请同学们到网上下载本纪录片观看并准备课堂讨论发言。

【延伸阅读】

中国人的精神

我曾听一位外国朋友这样说过：作为外国人，在日本居住的时间越长，就越发讨厌日本人。相反，在中国居住的时间越长，就越发喜欢中国人。这位外国友人曾久居日本和中国。我不知道这样评价日本人是否合适，但我相信在中国生活过的诸位都会同意上述对中国人的判断。一个外国人在中国居住的时间越久，就越喜欢中国人，这已是众所周知的事实。中国人身上有种难以形容的东西。尽管他们缺乏卫生习惯，生活不甚讲究；尽管他们的思想和性格有许多缺点，但仍然赢得了外国人的喜爱，而这种喜爱是其他任何民族所无法得到的。

我已经把这种难以形容的东西概括为温良。如果我不为这种温良正名的话，那么在外国人的心中它就可能被误认为中国人体质和道德上的缺陷——温顺和懦弱。这里再次提到的温良，就是我曾经提示过的一种源于同情心或真正的人类智慧的温良——既不是源于推理，也非产自本能，而是源于同情心——来源于同情的力量。那么，中国人又是如何具备了这种同情的力量的呢？

我在这里冒昧给诸位一个解答——或者是一个假设。诸位愿意的话，也许可以将其视为中国人具有同情力量的秘密所在。中国人之所以有这种力量、这种强大的同情的力量，是因为他们完全地或几乎完全地过着一种心灵的生活。中国人的全部生活是一种情感的生活——这种情感既不是来源于感官直觉意义上的那种情感，也不是来源于你们所说的神经系统奔腾的情欲那种意义上的情感，而是一种产生于我们人性的深处——心灵的激情或人类之爱的那种意义上的情感。

下面让我们看看中国人是否过着一种心灵的生活。对此，我们可以用中国人实际生活中表现出的一般特征，来加以说明。

首先，我们来谈谈中国的语言。中国的语言也是一种心灵的语言。一个很明显的事实就是：那些生活在中国的外国人，其儿童和未受教育者学习中文比成年人和受过教育者要容易得多。原因在于儿童和未受教育者是用心灵来思考和使用语言。相反，受过教育者，特别是受过理性教育的现代欧洲人，他们是用大脑和智慧来思考和使用语言的。有一种关于极乐世界的说法也同样适用于对中国语言的学习：除非你变成一个孩子，否则你就难以学会它。

其次，我们再指出一个众所周知的中国人日常生活中的事实。中国人具有惊人的记忆力，其秘密何在？就在于中国人是用心而非脑去记忆。用具同情力量的心灵记事，比用头脑或智力要好得多，后者是枯燥乏味的。举例来说，我们当中的绝大多数儿童时代的记忆力要强过成年后的记忆力。因为儿童就像中国人一样，是用心而非用脑去记忆。

接下来的例子，依旧是体现在中国人日常生活中，并得到大家承认的一个事实——中国人的礼貌。中国一向被视为礼仪之邦，那么其礼貌的本质是什么呢？这就是体谅、照顾他人的感情。中国人有礼貌是因为他们过着一种心灵的生活。他们完全了解自己的这份情感，很容易将心比心推己及人，显示出体谅、照顾他人情感的特征。中国人的礼貌虽然不像日本人的那样繁杂，但它是令人愉快的。

我们举的中国人特性的最后一例，是其缺乏精确的习惯。这是由亚瑟·史密斯提出并使之得以扬名的一个观点。那么中国人缺少精确性的原因又何在呢？我说依然是因为他们过着一种心灵的生活。心灵是纤细而敏感的，它不像头脑或智慧那样僵硬、刻板。实际上，中国人的毛笔或许可以视为中国人精神的象征。用毛笔书写绘画非常困难，好像也难以准确，但是一旦掌握了它，你就能够得心应手，创造出美妙优雅的书画来，而用西方坚硬的钢笔是无法获得这种效果的。

正是因为中国人过着一种心灵的生活，一种像孩子的生活，所以使得他们在许多方面还显得有些幼稚。这是一个很明显的事实，即作为一个有着那么悠久历史的伟大民族，中国人竟然在许多方面至今仍表现得那样幼稚。这使得一些浅薄的留学中国的外国留学生认为中国人未能使文明得到发展，中国文明是一个停滞的文明。必须承认，就中国人的智力发展而言，在一定程度上被人为地限制了。众所周知，在有些领域中国人只取得很少甚至根本没有什么进步。这不仅有自然科学方面的，也有纯粹抽象科学方面的，诸如科学、逻辑学。实际上欧洲语言中“科学”与“逻辑”二词，是无法在中文中找到完全对等的词加以表达的。

像儿童一样过着心灵生活的中国人，对抽象的科学没有丝毫兴趣，因为在这方面心灵和情感无计可施。事实上，每一件无须心灵与情感参与的事，诸如统计表一类的工作，都会引起中国人的反感。如果说统计图表和抽象科学只引起了中国人的反感，那么欧洲人现在所从事的所谓科学研究，那种为了证明一种科学理论而不惜去摧残肢解身体的所谓科学，则使中国人感到恐惧并遭到了他们的抑制。

实际上，我在这里要指出的是：中国人最美妙的特质并非他们过着一种心灵的生活。所有处于初级阶段的民族都过着一种心灵的生活。正如我们都知道的一样，欧洲中世纪的基督教徒们也同样过着一种心灵的生活。马太·阿诺德就说过：“中世纪的基督教世人就是靠心灵和想象来生活的。”中国人最优秀的特质是当他们过着心灵的生活，像孩子一样生活时，却具有中世纪基督教徒或其他任何处于初级阶段的民族所没有的思想与理性的力量。换句话说，中国人最美妙的特质是：作为一个有悠久历史的民族，它既有成年人的智慧，又能够过着孩子般的生活——一种心灵的生活。

因此，我们与其说中国人的发展受到了一些阻碍，不如说她是一个永远不衰老的民族。简言之，作为一个民族，中国人最美妙的特质就在于他们拥有了永葆青春的秘密。

现在我们可以回答最初提出的问题了——什么是真正的中国人？我们现在已经知道，真正的中国人就是有着赤子之心和成年人的智慧、过着心灵生活的这样一种人。简言之，真正的中国人有着童子之心和成年人的智慧。中国人的精神是一种永葆青春的精神，是不朽的民族魂。中国人永远年轻的秘密又何在呢？诸位一定记得我曾经说过：是同情或真正的人类的智能造就了中国式的人之类型，从而形成了真正的中国人那种难以言表的温良。这种真正的人类的智能，是同情与智能的有机结合，它使人的心与脑得以调和。总之，它是心灵与理智的和谐。如果说中华民族之精神是一种青春永葆的精神，是不朽的民族魂，那么，民族精神不朽的秘密就是中国人心灵与理智的完美谐和。

（资料来源：辜鸿铭《中国人的精神》节选）

【知识检测】

一、填空题

1. 中华民族精神的核心是________。

2. 时代精神的核心是________。

3. 在经济全球化形势下，________仍然是民族存在的最高形式，是国际社会活动中的主体。

4. 爱国主义是调节个人和祖国之间关系的道德要求、政治原则和________。

5. 作为一个民族群体意识的载体，________常常被称为是国家和民族的“胎记”。

二、单项选择题

1. 重（　　）是中华民族的优秀传统。

A. 道德　　B. 法律　　C. 精神　　D. 物质

2. （　　）是民族精神和时代精神的统一。

A. 中华精神　　B. 延安精神　　C. 中国精神　　D. 长征精神

3. 中华民族精神源远流长，包含着丰富的内容。其中夸父追日、大禹治水、愚公移山、精卫填海等动人传说，体现的都是中华民族精神的（　　）。

A. 勤劳勇敢　　B. 团结统一

C. 爱好和平　　D. 自强不息

4. 在新的历史时期，大学生应该继续坚持以振兴中华为己任，努力做到（　　）。

A. 迎接机遇与挑战

B. 为人民服务

C. 立报国之志、增建国之才、践爱国之行

D. 增强国防观念

5. 现阶段，爱国主义主要表现在（　　）。

A. 抵御外辱

B. 继承中华传统美德

C. 献身于建设和保卫社会主义现代化事业，献身于促进祖国统一

D. 学习西方先进文化

6. 以下关于爱国主义与拥护祖国统一具有一致性的说法正确的是（　　）。

A. 它是对全体中华儿女提出的基本要求

B. 它主要是对生活在大陆的中国公民的基本要求

C. 它是对一切生活在中国的人提出的基本要求

D. 它对海外侨胞不做要求

7. 以下关于中华民族精神的说法错误的是（　　）。

A. 它的核心是爱国主义

B. 它的核心是为人民服务

C. 它是时代精神的依托，时代精神则是它的时代性体现

D. 它的基本内涵是团结统一、爱好和平、勤劳勇敢与自强不息

8. 邓小平曾经指出："港澳、台湾、海外的爱国同胞，不能要求他们都拥护社会主义，但是至少也不能反对社会主义的新中国，否则怎么叫爱祖国呢?"这说明在当代中国（　　）。

A. 爱国主义与爱社会主义是一致的

B. 爱国主义与拥护祖国统一是一致的

C. 爱国主义与爱中国共产党是一致的

D. 爱国主义与爱马克思主义是一致的

9. 大学生应当珍惜人生中最具创新创造力的宝贵时期，有敢为人先、开拓进取的（　　）、有逢山开路、遇河架桥的（　　），在创新创造中不断积累经验、取得成果、演绎精彩。

A. 意志；锐气　　　　B. 意识；精神

C. 锐气；意志　　　　D. 精神；勇气

10. 关于科学与科学家的关系正确的是（　　）。

A. 科学没有国界，但科学家是有祖国的

B. 科学有国界，科学家也有国界

C. 科学没有国界，科学家也没有国界

D. 科学、科学家跟国界没有任何关系

三、多项选择题

1. 爱国主义（　　）。

A. 体现了人民群众对自己祖国的深厚情感

B. 反映了个人对祖国的依存关系

C. 是人们对自己故土家园、种族和文化的归属感、认同感、尊严感与荣誉

感的统一

D. 是调节个人与祖国之间关系的要求、政治原则和法律规范

2. 爱国主义与（　　）具有一致性。

A. 爱祖国的人民　　B. 爱祖国的文化

C. 爱社会主义　　D. 拥护祖国统一

3. 弘扬以改革开放为核心的时代精神（　　）。

A. 必须大力推进理论创新、制度创新、科技创新、文化创新以及其他各方面的创新

B. 自觉投身于改革创新的伟大实践

C. 积极进行自我创新学习

D. 培养创新能力

4.（　　）是大学生增强改革创新能力本领的三大途径。

A. 夯实创新基础　　B. 培养创新思维

C. 投身创新实践　　D. 端正创新态度

5. 确立总体国家安全观，必须（　　）。

A. 既重视外部安全，又重视内部安全

B. 既重视国土安全，又重视国民安全

C. 既重视传统安全，又重视非传统安全

D. 既重视发展问题，又重视安全问题

四、判断对错（在括号内，正确的打√，错误的打×）

1. 在经济全球化的条件下，爱国主义过时了。（　　）

2. 爱国主义与爱社会主义的统一是中国历史发展的必然结果。（　　）

3. 爱国主义的基本要求就是遵规守法。（　　）

4. 人有地域和信仰的不同，报国之心也应有所差别。（　　）

5. 中华文化独一无二的理念、智慧、气度、神韵，增添了中国人民和中华民族内心深处的自信和自豪。（　　）

6. 如果把科技创新比作我国发展的新引擎，那么改革就是点燃这个新引擎必不可少的点火线。（　　）

7. 在新的时代条件下，弘扬爱国主义精神，必须把维护祖国统一和民族团结作为重要着力点和落脚点。（　　）

8. 改革创新之所以能够推陈出新，提出前人不曾提出的新思想，推出令世人敬仰叹服的新创造，一个重要的原因就在于改革创新者具有扎实的专业知识基础。（　　）

9. 改革创新有止境。（　　）

10. 爱国既需要情感的基础，也需要理性的认识，更需要实际的行动。(　　)

扫描二维码查看参考答案：

第四章 践行社会主义核心价值观

【名人警句】

每个时代都有每个时代的精神。我曾经讲过，实现中国梦必须走中国道路、弘扬中国精神、凝聚中国力量。核心价值观是一个民族赖以维系的精神纽带，是一个国家共同的思想道德基础。如果没有共同的核心价值观，一个民族、一个国家就会魂无定所、行无依归。为什么中华民族能够在几千年的历史长河中生生不息、薪火相传、顽强发展呢？很重要的一个原因就是中华民族有一脉相承的精神追求、精神特质、精神脉络。

——习近平

【学习要点】

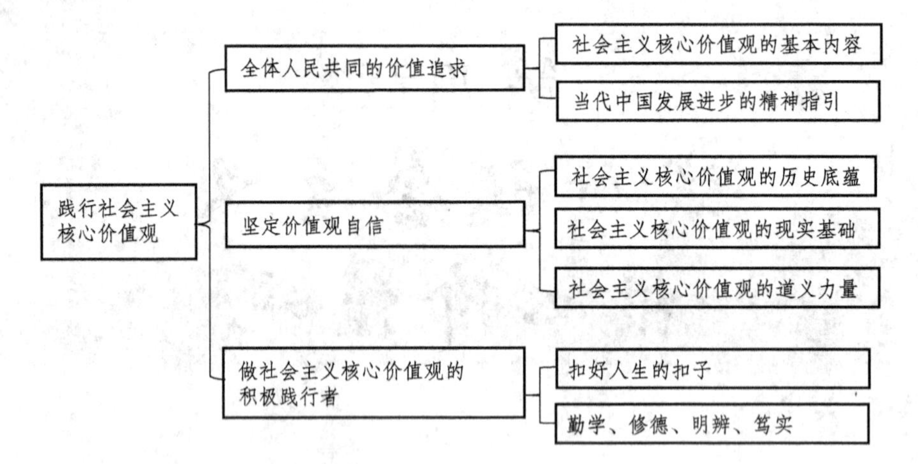

【学习目标】

1. 深刻领会社会主义核心价值观的科学内涵和重要意义。

2. 正确理解坚定价值观自信的理由。

3. 知道践行社会主义核心价值观应该怎样做。

【学习重点】

1. 正确理解社会主义核心价值观的基本内容和重要意义。

2. 清楚知道为什么要坚定价值观自信。

3. 按照践行和弘扬社会主义核心价值观的具体要求和努力方向，把社会主义核心价值观内化为自己的精神追求，外化为自觉的实际行动。

【阅读欣赏】

自由与任性

什么是自由？有人说，“自由”倒过来就是“由自”。当然，自由中确实包括“由自”，如果自由中没有自我意志的作用，就不能称为自由。但“由自”决不等于“自由”。“由自”是“任性”。

自由不同于“任性”。任性，如果仅仅使小性，脾气犟，属于性格问题。我说的“任性”指的是恣意妄言、纵情行事。“任性”看似自由，实际上是自由的反面，它是无视道德和法律的非理性行为，其后果往往导致的是“不自由”。无论是公共生活领域或私生活领域，“任性”都不是真正意义上的自由。

自由应该与理性相伴而行。就人与自然的关系来说，人从对自然规律的认识和应用中获得自由。而对自然“任性”，得到的是自然的报复。越任性，报复越重。就人对社会关系说，自由表现为在不违背法律的条件下个人的言行是“由自”的，是自我做主。而“任性”，则会由于违法而受到惩罚。“一时性起”，酿成牢狱之灾的事并不少见。

就人与自我关系说，自由表现为人对自己本性的正确认识，而不是纵情贪欲，精神为物所奴役。精神的物化，就是人的异化。异化的人，是不自由的人。

自由决不能解释为“由自”。“任性”中有自我，但过分“自我”，就是“任性”。在我们社会中，党有党纪，国有国法。不依规矩，不能成方圆。如果我们社会，人人都可任性而行，会成个什么样子，不难想象。

马克思明确把自由与任性区分开来。他曾说过，法律不是压制自由的手段，正如重力不是阻止运动的手段一样。可是法律规定的自由存在于法律肯定的、明确的、普遍的规范之中。在法律规范中，自由的存在是普遍的、理论的、不取决于个别人的任性的性质。正是在这个意义上，马克思说：“法律就是人民自由的圣经”。法律保障的是人民的自由，包括言论自由，但决不赞同“任性”。当“任性”越出道德底线，就应受到舆论谴责；触犯法律，就应受到法律制裁。

人需要自由。没有自由，人就是两脚动物。但自由不是天生的，而是社会发展的产物。因此自由具有集体的特性，而“任性”是个体性，属于个人的品性和素质。但“任性”不是天生的性格，与他们所处的社会地位、家庭条件，以及一切形成“任性”的条件相关。土豪的任性，因为是土豪；富二代、官二代的任性，因为是富二代、官二代。某些名人、闻人的任性，因为是名人、闻人。但并不是任何富人都必然“任性”，也不是任何富二代、官二代、名人闻人都必然“任性”。“任性”，是一种素质，特别是人文素质和道德素质。人文和道德素质，不同于文化水平。文化水平表现为知识，而素质则表现为思想和行为的精神内涵。文化水平高的人不见得素质就高。有些人得意忘形，狂言乱行，并不是因为文化水平低，而是自以为是富人、名人、闻人，可以置身于道德和法律之外。

自由，涉及人的方方面面，难以细说。粗略可分为内在自由和外在自由。内在自由，是心灵的自由，属于人的内心世界；外在的自由，属于内心自由的外化，表现为言论与行为。内在自由是思想自由，属于思维的本性；外在自由，受法律的制约，属社会规定。任何法律都不可能限制人的内心自由。想什么，如何想，属于个人的内心世界。三军可夺帅，匹夫不可夺志。封建社会有诛心之说，林彪搞了个灵魂深处闹革命，斗私批修，都不可能压制人的内心世界。可内心活动一旦化为言论和行为，付诸言行，脱离思维者的主体，就进入法律管辖范围。法律管不到内心世界，内心活动是个人的私事，但法律可以以法的形式规定指向他人、指向政府、指向国家的言论和行为的合法性与非法性。合法与非法的界限是法律规定，但标准取决于社会制度的性质。

社会主义法律按其本质来说，不是为了限制自由，而是为了维护自由，保障人民的各种自由权利。但为了维护自由，必须规定自由的边界。言论自由是法律保护的权利，但在任何国家决非无边界的权利。因此，“自由”永远与“不自由”相互依存。“不自由”存在于自由规定的界外，而自由存在于不应保护的“不自由”的界内。无界限的绝对自由是不可能的。正如恩格斯说的，任何一个人的愿望都会受到任何另外一个人的妨碍。在社会生活中，每个人都必须放弃自己一部分自由，才可以各自获得不自由中的自由。

与“自由”同时并存的是“不自由”。“不自由”是“自由”实现的补充。由“不自由”来保障自由，由自由来限定“不自由”，似乎是个悖论，但不是逻辑上的自相矛盾，而是社会作为有组织的集合体的本质决定的。为了保障个人自由，必须给个人的自由设某种合理的限制。最简单的道理，正如红绿灯的设置不是为限制汽车通行，而是保障汽车能有序地自由通行。没有红绿灯信号的设置，就没有汽车通行的自由，有的只是互相碰撞。在社会生活中，自由是需要代价的。这个代价既包括自由滥用的后果，也包括对社会成员自由权利的某种约束。

从人类发展史来看，无论中外，都是先追求心灵的自由。因为在奴隶社会或封建社会，普遍的自由权利不可能存在，自由属于特权阶级，表现为少数人的特权。而绝大多数被压迫、被剥削者被剥夺了自由。因此，当时的思想家们、哲学家们只能把现实自由的追求，转向内心世界，寻求对不自由的现实世界的精神自由超越。庄子《逍遥游》中的大鹏，水击三千里，扶摇直上九万里，列御寇“御风而行”，总应该算是自由吧？庄子仍不满足，因为这种飞翔的自由“有待”，要依靠风。庄子追求的是“无待”的自由，即精神世界无条件的绝对自由。其实，这种自由只能属于庄子的精神世界。现实中的庄子是不自由的，仍然要借米下锅。

精神世界的自由，不可能是绝对的。思想者的自由，是受一定条件制约的。思想自由的高度，永远难以跨越自己时代的高度。即使伟大思想家的思想中存在某些超越时代的永恒价值，但仔细审视，我们都可以发现它的历史条件限制和时代的烙印。

单纯精神自由的局限性是很明显的。因为它不是现实的自由，人实际上存在于不自由的世界之中。身陷囹圄的人，可以骄傲地保持内心自由，自许为自由人，但实际上过的是铁窗生涯，仍然是事实上的不自由。不管魏晋的名士们如何放浪形骸，裸衣纵酒，情不系于所欲，自以为内心世界无比自由，其中有些人仍难逃司马父子的杀戮。岂止是剥夺内心世界的自由权利，连同失去生命。没有社会制度的保障，不可能有真正的言论自由和思想自由。在专制制度下，不会容许有真正的自由。勇敢的思想者往往是悲剧性人物，是争取思想自由祭坛上的牺牲者。判断一种社会制度的优劣，就是它在何种程度上能真正保证思想者的思想自由。这种思想自由不是任性，而是追求智慧与真理。

将内在自由转向外在自由，并在一定程度上给予合法性，是资产阶级革命的贡献。资本主义制度取代封建专制制度，就是通过社会制度的变革，使人有可能从追求内在的思想自由转向追求外在的由法律保障的自由权利。从纯哲学的自由转向政治制度的自由，从追求灵魂自由转向于追求人身自由。言论自由、出版自由以及其他自由权利的入法，可以说是人类自由发展史上的一次转折，是资本主义制度的历史功绩。

但是在资本主义制度下，自由包含不可解决的矛盾，这就是一些人的自由妨碍另一些人的自由。资本主义法律并不制止这种妨碍。资本主义法律上规定人人具有自由、平等、人权。可资本主义的市场经济的自由竞争，必然导致自由、平等、人权之间不可解决的矛盾。在资本主义制度下，资产者与劳动者在经济、政治、文化、教育等方面存在事实上的不平等；至于所谓人权，也会由于贫富对立而导致对弱势群体，对穷人、对少数族裔甚至妇女人权的侵犯。因此马克思最憧憬的自由，不是资本主义的那种会导致不平等、人权受到侵犯的以个人为本位的自由，而是“每个人的自由是一切人的自由发展条件”的自由。这种自由与平等、人权能达到和谐的结合。

资本主义社会自由的另一个代价，是人的内心世界充满物欲，人失去了心灵的自由。市场满足肉体的需求，但俘虏人的灵魂。无止境的消费欲，畸形的消费，使人的精神世界越来越窄，越来越空洞化。普遍的物欲，导致社会性的焦虑、浮躁和空虚，人感到需要转向追求失去的内在的精神自由。可不少人不是转向精神世界的自由，追求高尚的世俗道德和伟大的社会理想和信仰，而是寻求无所依归的心灵的安顿处。宗教成为灵魂最佳的安顿处。或跪倒在主面前以自赎；或大声诵念观世音菩萨或南无阿弥陀佛，以求心安。宗教在一定程度上对个人可以起到道德教化和良心的净化作用，但这只是追求个人的心灵的抚慰与疗伤，还不能算是真正在寻求精神家园。

其实，即使在号称自由王国的资本主义社会，自由与“任性”同样是不能混同的。法律保障自由权利，并不保障任性。当合法的自由权利变为不受约束的任性，同样要受到法律的制裁。学术自由属于学术研究；思想自由属于思想者，属于科学发现和发明，属于对真理和智慧的追求。漫骂、侮辱、造谣，以及种种损伤别人的人格与尊严的言行，并不属于言论自由和思想自由。

自由是与责任相联系的。在社会主义社会应该拥有言论自由，但言论自由的后果必须自负。法律保障的是言论自由，但并不保障言论自由的所有后果。不负责任的自由言论，不是法律意义上的言论自由，而是特权。在社会生活中，任何自由都与责任相关。自由主体也是责任主体。不承担责任，不应享有自由；不享有自由，则不能追究责任。处罚没有享有自由权的人的责任，就是专制；而对滥用自由权负有责任者的放纵和庇护，就是徇私枉法。法不阿贵。自由和责任的相关点，应该由法律规定，而不是由领导人的意志规定。

我们的国家应该遵守宪法，依法治国，保障人民的自由权利，但不能纵容任性。我们应该宣传自由权利与任性的区别、告密与举报的区别。告密败坏道德，举报维护正义。一个社会如果奖励告密，是人人自危、相互猜疑的阴暗的社会；如果正义与非正义、合法与非法、道德与非道德，都淹没在集体沉默中，就是个没有正义感、没有责任感、没有是非、没有敢于担当者的社会，是一个普遍没有理想和信仰的社会。这样的社会，也绝不是我们所期待的。

（资料来源：陈先达. 自由与任性［N］. 光明日报，2015-04-29（13）.）

【学习案例】

【案例一】大国工匠徐立平：在飞船和导弹上雕刻火药的航天人

0.5 毫米是固体发动机药面精度允许的最大误差，但是徐立平雕刻的火药药面误差却不超过0.2 毫米，堪称完美。作为中国航天科技集团公司第四研究院7416厂高级技师，面对火药整形这一世界难题，徐立平一次次“亮剑”，经过近30年的锻造，将一件件大国利器送入太空，也让自己从一介普通职工成长为大国工匠。

四月中旬，西安东郊航天四院7416厂，徐立平安静地坐在车间办公室里。身后的墙上是“刀锋”和“匠心”四个大字，以及“刀刀保精细，丝丝系安全；抬望航天梦，俯刻匠人心”四句话。对于徐立平和他的同事们来说，这几句话是要求，是写照，更是梦想。

徐立平的家庭是一个航天之家，和很多三线家庭一样，全家11口人除了3个还在上学的孩子外，都是航天人。

1987年参加工作时，徐立平在母亲温荣书的建议下，他选择了母亲曾经工作过的发动机药面整形车间，为导弹固体燃料发动机的火药进行微整形。发动机是导弹装备的心脏，在上千道制造工序中，发动机固体燃料微整形极为关键。火药整形在全世界也一直是个难题，无法完全用机器代替。在火药上动刀，稍有不慎蹭出火花，就可能引起燃烧爆炸，这个极度危险的工作，全中国只有不到20个人可以胜任。

母亲比任何人都知道这个工作的重要性和危险性，但她却说：“我刚工作的时候有同事整个手指都烧掉了，都愿意到最危险的岗位上去，我想他们年轻人也是一样的。”

就这样，徐立平开始了自己近30年发动机药面整形的工作。

工作后第二年，我国某重点型号发动机出现问题，必须剥开填筑好的火药，工作难度和危险度非常大。徐立平凭着精湛的技艺和胆量加入突击队，“可以说这是我们厂有史以来头一次钻到火药堆里去挖药。”徐立平介绍。

在装满火药、仅留一名操作人员半躺半跪的发动机壳体里，用木铲、铜铲非常小心地一点点挖药，每次只能挖四五克，高度紧张和缺氧使人每次最多工作十几分钟。“在里面除了铲药的沙沙声，都能听到自己的心跳声。”徐立平回忆。

最终，经过两个多月高度紧张的工作，徐立平和同事们挖出了300多千克药，成功排除发动机故障。

像这样危险的任务，徐立平已不记得完成多少次了。在2015年9月3日的阅兵式上，一部分导弹发动机火药就是徐立平亲手雕刻的。

“下刀的力道，完全要自己判断，药面精度是否合格直接决定导弹的精准射程。工作要求0.5毫米或0.2毫米，我们这一刀铲下去，铲不到要求的厚度的话，就可能造成产品报废。”徐立平说，要做到心手合一并不容易，只能通过用心苦练。如今，徐立平已经练就了仅用手摸一下就能雕刻出符合设计要求药面的绝活。

工作中，徐立平还不断琢磨，大胆创新，针对不同的发动机药面，他先后设计发明了20多种药面整形刀具，有两种获得国家专利，一种还被单位以他的名字命名为“立平刀”。

7416厂远离西安市区，安静却也偏僻。最冷和最热的时候，厂房里都难熬。工作的时候必须敞开“生命通道”的大门，夏天还能靠电扇，但对毒力极强的蚊子毫无办法，“闻了火药的蚊子战斗力就是强。”徐立平苦笑着，冬天更是没办法，长时间一个姿势会让冻僵的双手麻木，只能放在暖气上烤烤再重新拿起刀具。

更多的时候，工作时每个车间的人数最多不超过两个人，戴上护具开始工作后，徐立平说感觉世界和时间都停止了，只听见挖药的沙沙声和自己的心跳声。

近30年来，徐立平就是这样严格要求着自己，兢兢业业，与最危险的火药为伴，抬望航天梦，俯刻匠人心。“总理不是也说吗，工匠精神就是做好自己的本职工作，精益求精，其实没那么多高大上的东西。”徐立平谦逊地说。

春节过后，徐立平获得中央电视台《感动中国》2015年度人物，颁奖词这样赞扬他：“每一次落刀，都能听到自己的心跳。你在火药上微雕，不能有毫发之差。这是千钧所系的一发，战略导弹，载人航天，每一件大国利器，都离不开你。你是一介工匠，你是大国工匠。”

（资料来源：央视网）

案例点评：

敬业的一般性解释，如朱熹所说，“敬业者，专心致志以事其业也”，意指主体以高度的责任感和使命感对待“业”积极投入的态度。从历史上看，无论哪个时代，敬业始终都被主流社会所倡导并成为衡量个人道德水平的标尺之一。

敬业，是作为主体的我们实现自身价值与社会价值相统一在价值观层面上的本质要求，是社会主义核心价值观的重要组成部分。因此，培育与践行社会主义敬业观是调动与汇集社会主体力量，实现全面建成小康社会、全面深化改革、全面推进依法治国进程、实现中华民族伟大复兴的重要内容。

当前，我们正处在全面建成小康社会、全面深化改革、全面推进依法治国、全面加强党的建设，实现中华民族伟大复兴的关键时期，需要我们每个人从自身做起，找准定位、扎实工作，自觉成为社会主义敬业观的践行者。

【案例二】有效的“乌龙”订单

2018年11月17日凌晨，东方航空官网疑似发生故障，部分机票折扣幅度达0.4折，不到400元就可以乘坐头等舱往返无锡昆明。头等舱机票低至0.4

折，无异于天上掉馅饼。许多消费者在下单抢票时，内心也有点惴惴不安。如果确实是“乌龙”订单，航空公司会不会不认账?

17 日上午，东方航空回应称，此次“白菜价”机票属于系统维护时售出，所有支付成功并已出票的机票均为有效。东航的回应给消费者吃了一颗定心丸。不少网友点赞，东航“认账”的举动真大度。

事实上，“乌龙”订单有效不只关乎企业气度，更是一个诚信范本。企业提供产品名称、标价是一种典型的要约行为。当消费者下了订单并付款后，双方的买卖合同关系已经成立，企业就应按照合同提供产品。系统故障标错价格固然是不争事实，但这属于企业自身原因，其后果应由企业单方面承担，不能让消费者买单。

近些年，类似错价乌龙事件并不少见，当事企业的反应也不尽相同。其中，不乏一些像东航这样的企业勇于承担责任，继续履行合同。2014 年，在联想官方商城及京东商城，原本售价 1 888 元的联想平板电脑被错标成了 999 元，一度引发疯抢。事后，联想方面表示不会取消已经生成的近 11 万台订单，预计将损失近 1 亿元。

也有企业以标错价格为由拒绝发货，并联系消费者要求退款，甚至自行将订单取消。这不仅违背了诚信原则，也触犯了国家法律。在这方面，不乏消费者维权成功的司法判例。2011 年 8 月，某电商推出“亲子团好书好礼 72 小时抢购”图书促销活动，引得不少网民守夜“秒杀”。随后，该电商以价格标错为由拒绝发货，被消费者告上法庭。最终北京二中院终审判决，要求其继续向消费者履行合同。

诚信是社会主义核心价值观的一条重要准则，是社会主义市场经济发展的重要价值支撑。有效的“乌龙”订单不仅反映了企业的诚信精神，也引领企业沿着正确方向发展。十三届全国人大一次会议通过宪法修正案，把国家倡导社会主义核心价值观正式写入宪法，进一步凸显了社会主义核心价值观在当代中国发展中的精神指引作用。

案例点评：

培育和践行社会主义核心价值观，是保证我国经济社会沿着正确的方向发展、实现中华民族伟大复兴的价值支撑，意义重大而深远。诚信作为社会主义核心价值观的一条重要准则，对促进社会主义市场经济沿着健康方向发展具有重要作用。“乌龙”订单有效不仅反映了企业的契约精神，也是企业应当承担的法律责任。诚信在这里面，不仅规范了企业的商业行为，也指引着企业的文化建设。在经济领域大力弘扬社会主义核心价值观，能够帮助明确企业应当追求什么、反对什么，要朝着什么方向走、不能朝什么方向走，坚守正确的价值观立场。

【案例三】从大V侮辱邱少云案谈警惕历史虚无主义

邱少云，是我们从小就熟知的革命烈士，他在抗美援朝战争的烈火中牺牲，是舍生取义的英雄典范。

2013年，知名博主作业本在新浪微博发了一条用“烤肉”侮辱和诋毁革命烈士邱少云和少年救火英雄赖宁的微博，立即遭到广大网友强烈抵制。2015年，加多宝在一场名为“多谢行动”的活动中发博文重提作业本与烧烤，并配了一张与文字内容一致的图片。尽管该企业@并感谢了许多人，但其他微博都是寥寥无几的转发，而@作业本的这条微博却被转发一万多次，造成了极为负面和恶劣的社会影响。

尽管该企业此后澄清这是一次误会，并向社会公众道歉，但影响已然造成。受伤害最深、最直接的就是邱少云家属。邱少云最小的弟弟邱少华，回想起当年突然收到哥哥牺牲噩耗时的场景，仍然心痛难忍。85岁的他愤然向大兴法院提起诉讼，将孙杰（作业本）和加多宝告上法庭，要求判令被告立即停止侵害、消除影响、赔礼道歉，并赔偿原告精神损失费人民币1元。2016年9月，老人在病床上等来了烈士名誉权案的胜诉结果。20多天后，邱少华老人因病离世。

邱少云被侮辱事件是孤例吗？不是！在言论高度自由的网络空间上，刘胡兰、狼牙山五壮士、江姐、董存瑞、黄继光、雷锋等革命烈士都曾经被网络大V或匿名网民进行消费和攻击。什么刘胡兰是被乡亲所杀，狼牙山五壮士其实是土匪，董存瑞手上涂了胶，黄继光堵枪眼不合理，雷锋日记全是造假……不一而足。这些令人骇然的言论在表面上歪曲丑化的似乎是个别革命烈士，但在实质上，他们诋毁和攻击的是这些革命烈士所代表的中国革命史，是中国共产党和中国人民付出巨大牺牲走过的近代史。这种做法是历史虚无主义的典型表现。历史虚无主义在不同的领域有不同的表现，但其共同点都是歪曲历史真相，对待历史有哗众取宠之心，无实事求是之意。

面对网络上种种歪曲丑化革命烈士的言论和历史虚无主义行径，共青团的爱国平台和爱国网友纷纷行动起来，对之进行了严厉抨击。在邱少云被侮辱事件中，习近平总书记就称赞团员青年的行动压住了歪风邪气，弘扬了正能量。习近平总书记指出：“实现我们的目标，需要英雄，需要英雄精神。我们要铭记一切为中华民族和中国人民做出贡献的英雄们，崇尚英雄，捍卫英雄，学习英雄，关爱英雄。”

对侮辱英雄的做法不能仅仅止于道德批判，还要用严肃的法律来真正制止这些错误的言论和行为，捍卫英雄的荣耀和名誉。2018年4月27日，我国通过《中华人民共和国英雄烈士保护法》，自2018年5月1日起施行。该保护法指出，英雄烈士事迹和精神是中华民族的共同历史记忆和社会主义核心价值观的重要体现，全社会都应当崇尚、学习、捍卫英雄烈士，以侮辱、诽谤或者其他方式侵害英雄烈士的姓名、肖像、名誉、荣誉构成犯罪的，依法追究刑事责任。

（资料来源：祝念峰，王晓宁．不能放任历史虚无主义攻击诋毁英雄人物［J］．红旗文稿，2016（11）．）

案例点评：

大V侮辱邱少云案是折射历史虚无主义的一个窗口。历史虚无主义是当代中国社会多元思潮中的一支，它不讲事实，没有是非标准，歪曲了一部分青少年和大学生对历史、对世界、对中国的认知，特别是否定和抹煞中国共产党领导的革命史和建设史，其危害不仅是消解我们的民族记忆，伤害我们的民族感情，践踏我们的历史观和道德感，而且是要搞乱我们的思想，达到阻碍中华民族伟大复兴进程的目的。

引导学生抵制历史虚无主义等错误的社会思潮，就是要让学生坚定中国共产党的领导，坚定社会主义道路，树立正确的价值取向。当代大学生只有将价值标准对准国家和民族事业的需要，才能始终站在人民大众立场，建设国家、服务人民、奉献社会，做中国特色社会主义事业的合格建设者和可靠接班人。

【案例四】学生干部的“官气”要不得

2018年秋季开学不久，一位杨主席就火了。敢问杨主席是何人？无奈我也不知道，更是不敢直接@（艾特）。

杨主席的走红，是由网友晒出的一张聊天截图引起的。某位天真的“小白”同学，在群里直接@（艾特）了杨主席，还直呼为“学长”。学生管理员看到后，立即整顿训话：“请各位试用干事注意自己的身份和说话方式!”所以啊，杨主席我是不认识，可他的“官威”我倒是见识了。

这张聊天截图传到网上后，引起了社会热议。杨主席所在的四川某高校也在微博迅速做出回应，表示这两位学生干部确实是该校社团成员，在经过深刻的思想教育和心理疏导后，已经深刻认识到自己的问题并予以改正。

然而，一波未平，一波又起，网友们纷纷爆料出各类“抖官威”事件。四川某理工高校，“小白”二号给学生干部发送中秋祝福，可无奈写错了姓名，被要求罚抄50遍，还要开会检查。江苏某学院，“小白”三号在群里回复学生干部“哈哈哈”，被要求“不给理由”就罚交400字检讨。广东某大学，学生会干部选拔公告，出现“正、副部长级”，刮起一阵“官僚风”。浙江某高校，一位学生干部与赞助商沟通时，“霸气侧漏”，“官威”毕显。尽管学校后来回应：这不是学生干部，仅是一名普通学生。但是，象牙塔里学生干部的“官气”，兴许早已成为“公开的秘密”。

无论是学生会，还是其他社团，本应成为丰富大学生校园生活和帮助大学生锻炼成长的乐园，却暗地滋养了“官僚”的种子。这些社团组织有分工差异，甚至有“职务层级”，但本质上，每个参与者都是平等的，没有真正意义上的“下属”。大学里的学生干部涉世尚浅，却表现得如此官僚世故，这不是进步，得改！

2018年10月，北大、清华、浙大、厦大等41所高校学生会、研究生会联合发起《学生会、研究生会干部自律公约》，共同倡议建设一支胸怀理想、心系同学、品学兼优、作风扎实的工作骨干队伍，以做出表率。

学生会的历史可追溯到1919年的五四运动，在那期间，爱国学生自发组织起来，成立学生自治会，他们有激情、有担当，为当时的反帝反封建运动做出重要贡献。中华人民共和国成立后，有了国家政策的规定，各高校纷纷建立起学生会。学生会是党、学校、学生间的一座桥梁，倡导自我服务、自我管理、自我教育和自我监督。学生会与其他社团的职能有所差别，但在本质上，它们都是为学生服务的队伍，而“职务层级”越高，也就意味着肩上的责任越多、对自我的要求越严格。

如今，某些学生干部不免受到社会不良风气的影响，不把服务同学挂在心，反倒“官气”养一身。我们在倡导社会讲正气、树新风的同时，还要加快淡化学生社团的功利化性质。大学生作为青年一代，“要立志做大事，不要立志做大官”，脚踏实地，拒绝“官气”，做一名纯粹的学生干部，为学生服务。

案例点评：

本案例主要揭示了一些高校的学生干部“耍官威”“摆官气”的社会事件，这些事件不是个例，涵盖了不少高校，体现在学生干部的称呼、沟通等各方面，引发了社会公众的热议。大学校园里有许多学生社团，有组织就要有管理，也要有纪律，有分工就会有职务差异，甚至是“上下层级”。就在这些学生社团的发展过程中，某些“学生干部耍官威”现象滋生了，不少学生干部开始在大学校园里上演一幕幕“官场戏”。大学生干部身上“官气”的养成，既有自身的原因，也有外在的因素。我们常说“修身齐家治国平天下”，这里的“修身”也是修德。修德，既要立意高远，更要立足平实。要立志报效祖国、服务人民，也要学会感恩、宽容和自省。那些热衷于“耍官威”的学生干部，显然还需要深刻理解“修德”的含义、明白学生干部的服务本质。另外，大学生还要学会正视价值观选择，对于社会官僚风气做出正确的判断和选择，坚持反对“官本位”思想，自觉建设为一支胸怀理想、心系同学、品学兼优、作风扎实的优质服务队伍。

【案例五】备受关注的网络红人

“papi 酱火了”“艾克里里火了”“抖音小姐姐火了”……这两年，能经常刷爆网络话题的大概就是网络红人了。画风清奇的“网红”们已然迅猛发展成了一股社会新势力。《2016 中国网红经济白皮书》调查统计显示，中国“网红”人数已超过 100 万，而在一则关于“95 后”最向往的新兴职业的网络调查中，有 54% 的票投给了主播、网红。在年青一代中，想要“红”已成为一种群体现象。

某些喧嚣在网络上的各式各样的“网红”们，通常以“自我展示”博取眼球，以“出位言论”哗众取宠，他们的言行举止在互联网作用下被放大，与网民的审美、审丑、娱乐和偷窥等心理相契合，掀起一场场网络狂欢。话题越有争议、赚取的点击量越大，变现也就越多。于是吸引越来越多的年轻人盲目跟风。

对于这些“网红”，有人觉得新奇、好玩，但也有人感到失望和愤怒。不可否认的是，这种手法能一时满足看客的感官刺激，但随着时间的推移和人们的审美疲劳，一波波的“网红”们也会很快被替代，最终沉寂消失。

那么，新时代下，我们呼唤什么样的“网红”？

有一类“网红”的存在满足了人们对美好的希冀。他们勤奋、向上、阳光、朴实……这类“网红”传递的是完全的正面能量。

里约奥运会上的表情包傅园慧，用自信开朗打动了观众，诠释了享受比赛、超越自我的体育精神。新疆生产建设兵团第九师 161 团的老党员魏德友，1952 年在中哈边境无人区为国守边的感人事迹，短短 12 小时赢得了 46 万网民的点赞和转发。有“布鞋院士”美誉的中国科学院院士李小文生活素朴，淡泊名利，课堂上常穿一双布鞋的朴素打扮，让无数网友为之点赞。完成高难度“史诗级”紧急迫降的川航机组人员，拼力挽救了 119 名乘客的生命，他们构成了“最美英雄”的群像。而那些脱颖而出的网红佼佼者，如“自媒体达人”“电竞资深玩家”“美妆博主”……他们找准了新媒体时代用户的痛点，并有着其他从业者无法比拟和替代的一技之长，同样获得了众多网友的关注与认可。

这样一群凭借自身实力成就事业、弘扬社会正气、引发网民集体点赞学习的人，他们才是社会呼唤的“网红”。他们被广泛关注、认可的背后，是不为人知的努力和付出。反观那些被治理整顿的网红，其博出位的手段，本质上是排斥自我提升的：不想努力，只想不劳而获，因而注定昙花一现。

社会需要的是能体现出价值创造和社会感召力的“网红”，是传播真善美的代言人。他们在喧嚣芜杂的“网红”乱象中沉淀下来，弘扬道德、丰富社会生活，成为昂扬向上的精神符号和积极进取的榜样力量。

案例点评：

本案例讲述了社会上新兴的“网红”群体，有些网红传递的是正能量，然而也有一些网红用博出位的方式吸引眼球，给社会尤其是青少年造成了不良影响。正能量网红的背后是努力和积极向上，负能量网红的背后则是好逸恶劳、贪图享乐。案例用正反两方面例子去重点分析社会需要什么样的网红，应该认可什么样的价值观。

【实践教学设计】

【项目一】课堂讨论——新时代践行社会主义核心价值观的重要意义

[实践目的]

通过对新时代践行社会主义核心价值观的重要意义的讨论，让在校大学生明白，在中国特色社会主义进入新时代的历史背景下，培育和践行社会主义核心价值观的重要性和必要性，使学生对社会主义核心价值观有更深刻的了解和认识，从而在日常的学习、生活中积极弘扬和践行社会主义核心价值观。

[方案建议]

1. 讨论应围绕“社会主义核心价值观的基本内容是什么”“社会价值观多元化的今天我们该坚守什么样的价值观”“新时代践行社会主义核心价值观的必要性”以及“如何践行社会主义核心价值观”等问题展开。

2. 采取学生主动发言或者教师指定同学发言的方式开展讨论。教师对每位同学的发言情况如实记录，并要求同学们积极参加课堂讨论。

3. 教师对每一位同学的发言进行引导性点评，对发言质量较高的同学当众给予表扬。

【项目二】宣传活动——社会主义核心价值观

[实践目的]

在全社会大力培育和弘扬社会主义核心价值观的时代大背景下，教师组织学生进行社会主义核心价值观宣传活动的目的：使学生认识到社会主义核心价值观的重要性；让学生明白青年是引领风气之先的社会力量，在全社会培育和弘扬社会主义核心价值观，需要大学生始终走在时代前列，成为社会主义核心价值观的坚定信仰者、积极传播者、模范践行者。

［方案建议］

1. 动员。任课教师在讲解社会主义核心价值观的相关知识后，动员学生利用课余时间整理相关宣传资料。

2. 对整理的资料进行归类和筛选。

3. 对学生进行分组，对宣传注意事项进行要点讲解。

4. 鼓励学生在校园以及校园附近的社区等地方进行社会主义核心价值观宣传活动。

5. 宣传活动结束后，任课教师对学生的社会实践效果做出评价，学生根据实践经历撰写心得体会。

【项目三】学习榜样——我身边的感人事迹

［实践目的］

通过调查了解，对身边的道德模范进行访谈，并整理资料撰写访谈材料。通过访谈，了解更多道德模范的案例，激发学习模范、积极践行社会主义核心价值观的热情和决心。

［方案建议］

1. 以小组为单位，筛选出将要访谈的道德模范，约好时间和地点。

2. 整理进行访谈前所需的材料。

3. 前往进行访谈。

4. 撰写访谈材料和自己的心得体会。

5. 教师对访谈活动和材料进行评价。

【项目四】现状调查——大学生诚信状况

［实践目的］

诚信是中华民族的传统美德，也是衡量个人品德修养状况的重要指标。在当今的大学校园诚信缺失现象时有发生，如考试作弊、借贷不还、恶意拖欠学费、毕业推荐弄虚作假、欺骗家长和老师、制造虚假履历和证明、抄袭作业、抄袭学术论文等。通过“大学生诚信状况调查”活动，进一步深入了解大学生的诚信状况，探索影响大学生诚信意识的因素，从而有针对性地开展活动，加强大学生的诚信意识，使学生牢固树立“以诚实守信为荣，以见利忘义为耻”的社会主义荣辱观。

［方案建议］

1. 以小组为单位，在校园发放大学生诚信状况调查表。

2. 整理调查材料，对材料进行总结和评价。

3. 提出改进大学生诚信状况的建设性意见和建议。

[参考资料]

大学生诚信状况调查问卷

1. 你认为自己是个讲诚信的人吗？(　　)

A. 是，诚信是人的基本道德，一向严格要求自己

B. 基本是，视具体情况而定，不诚信只是偶尔状况

C. 其他

2. 你觉得在自己的成长过程中，长辈对你进行过有关诚信的教育吗？(　　)

A. 小时候有，大了就没有

B. 经常

C. 基本没有

3. 你最信任的人是谁？(　　)

A. 家长　　B. 老师

C. 朋友　　D. 自己

E. 其他人

4. 和他人交往时，你是否看中对方的诚信？(　　)

A. 十分看中，是相互交往的前提和保证

B. 比较看中，但不是决定的条件

C. 无所谓，大家开心就好

D. 其他

5. 在校园里，看到有个钱包在马路上，你会怎么做？(　　)

A. 装作没看见，直接路过

B. 捡起来看里面有多少钱，如果里面没钱或者只有10元左右，就丢回原处

C. 在没人看见的情况下，捡起来据为己有

D. 捡起来交给保安或者检查钱包内是否有信息可以找回失主

6. 你在公交车上逃过票吗？(　　)

A. 想，但没机会　　B. 有机会，但不敢做

C. 从未逃过　　D. 偶尔

7. 你对作弊行为持什么态度？(　　)

A. 深恶痛绝，自己也绝不会作弊

B. 不赞成，但也不会制止，是老师的事情

C. 无所谓，反正现在的考试也没多大意义，作弊是明智之举，可以省去记忆无聊内容的时间

8. 在日常生活中，你觉得你是否能做到诚信？（　　）

A. 能，这是做人最重要的原则之一

B. 基本能，但有的事要视具体情况而定

C. 没有特别注意，按自己的生活方式生活

D. 还是以能否达到目的为主，有时并不诚信

9. 对于学生贷款的不还问题，你认为该如何处理？（　　）

A. 扣其毕业证书，直到其还款

B. 联系其工作单位，以工资抵贷

C. 尽量减少甚至取消给学生贷款

D. 对于有作弊等行为的学生不予贷款

10. 你如何看待大学生求职违约行为？（　　）

A. 只要能找到满意的单位，即使违约也可以理解

B. 是对学校、用人单位不负责任的行为

C. 视具体情况而定

11. 如何看待大学生对简历作假行为？（　　）

B. 是不诚信的行为

A. 可以理解

C. 见惯不怪

D. 适当修饰可以理解

12. 诚信是中华民族的传统美德，对此你的看法是（　　）

A. 诚信不可或缺，现今社会当以诚信为重

B. 在生活中，有时候不诚信反而更得益，诚信的地位越来越低

C. 自己讲诚信就够了，不要求其他人也讲诚信

D. 即使生活中有时候会出现不诚信的现象，我们也要坚持诚信，争取杜绝不诚信现象

【影视鉴赏】

视频一：《社会主义核心价值观内容解读》

内容简介：

社会主义核心价值观：党的十八大提出，倡导富强、民主、文明、和谐，倡导自由、平等、公正、法治，倡导爱国、敬业、诚信、友善，积极培育和践行社会主义核心价值观。富强、民主、文明、和谐是国家层面的价值目标，自由、平等、公正、法治是社会层面的价值取向，爱国、敬业、诚信、友善是公

民个人层面的价值准则，这24个字是社会主义核心价值观的基本内容。视频还解释了社会主义核心价值观的具体含义。

视频二：《把培育和弘扬社会主义核心价值观作为凝魂聚气强基固本的基础工程》

内容简介：

习近平在中共中央政治局第十三次集体学习时强调：把培育和弘扬社会主义核心价值观作为凝魂聚气强基固本的基础工程。

视频三：《习近平总书记强调青年要自觉践行社会主义核心价值观，并提出对青年践行社会主义核心价值观的四点要求》

内容简介：

习近平考察北京大学：强调青年要自觉践行社会主义核心价值观，并提出对青年践行社会主义核心价值观的四点要求：勤学、修德、明辨、笃实。

请同学们到网上下载上述视频观看并准备课堂讨论发言。

【延伸阅读】

核心价值观：当代中国精神名片

在建设中国特色社会主义文化强国进程中，坚持文化自信，积极构建和传播中国价值观念，日益成为国人普遍的精神状态和笃定的价值取向。从某种意义上说，文化自信、文化建设特别是价值观建设，是中国特色社会主义建设的重要维度，是全面建成小康社会、实现中华民族伟大复兴中国梦的巨大精神支撑。近年来，党和国家高度重视文化自信和价值观建设在社会发展中的重要作用。习近平总书记在哲学社会科学工作座谈会上指出："我们说要坚定中国特色社会主义道路自信、理论自信、制度自信，说到底是要坚定文化自信。文化自信是更基本、更深沉、更持久的力量。"文化自信不仅作为整个社会发展的精神力量与道路自信、理论自信、制度自信相提并论，而且文化自信被定位于"更基本、更深沉、更持久的力量"。习近平总书记在中共中央政治局第十二次集体学习的讲话中指出"提高国家文化软实力，要努力传播当代中国价值观念。当代中国价值观念，就是中国特色社会主义价值观念。"从内容上看，当代中国价值观念是从总体上反映或符合中国特色社会主义经济与社会发展要求和广大人民诉求的价值观念，它集中体现为社会主义核心价值观；从其作用上说，当代中国价值观念对内凝聚民族精神，对外提升国家形象。在坚持文化自信中推进中国价值观念的构建和传播，是一个内塑民族精神、外树国家形象的过程。

文化自信本身代表了特定的文化价值选择，体现了特定的文化价值观。文化自信是一个国家、一个民族、一个政党对自身文化价值的充分肯定，对自身文化生命力的坚定信念。我们倡导的文化自信是对文化进步的强烈向往和不懈追求。文化自信表现为在对待历史文化、民族文化的态度上，既反对妄自尊大，又反对妄自菲薄；在对待外来文化时，文化自信既体现在反对盲目追随、食洋不化，又表现为具有能够鉴别良莠、包容差异、借鉴长处的能力和信心。把坚持文化自信作为文化建设的基本前提，并把不忘本来、吸收外来、面向未来作为文化建设的基本原则，强调坚持以马克思主义为指导，不忘中国优秀传统文化这一血脉，并在这一基础上充分吸收世界文明成果，这就从根本上保证了文化建设和价值观建设的正确方向。文化自信已经日益深入人心，成为国民自觉的心态。中国特色社会主义的文化自信，突出表现在对马克思主义理论及其指导的先进文化的高度认同与自信，表现在对中国优秀传统文化的高度重视，表现在对世界文明成果的开放心态和批判性选择。

国家文化软实力的内核是反映国家与人民目标和利益诉求的价值观力量。中华民族伟大复兴不仅要体现在经济军事等硬实力上，而且应体现在国家和民族层面上的文化自信和价值彰显上。

文化软实力是如何练就的？中国文化发展道路的一条重要经验就是把培育和践行社会主义核心价值观作为国家发展和民族复兴的精神支柱。我国历史上曾经有过“礼义廉耻，国之四维”的古训。四维张，则国兴；四维失，则国亡。社会主义核心价值观既关乎个人之道德，又是民族之大德。价值观涉及整个社会和人们的理想追求、发展目标、制度规范和行为标准等。社会主义核心价值观是我们社会占主导地位的价值观。它从整体上回答了国家发展的目标、社会前进的方向、公民行为基本准则的问题。

中国价值观念的日益彰显，突出地表现在社会主义核心价值观的培育和践行取得显著成就，在内化于心、外化于行、固化于制等方面达到了新的境界。核心价值观的宣传进学校、进社区、进企业、进农村、进军营，广为传播，深入人心；核心价值观渗透在英模事迹、乡规民约、修身运动、社区文化、企业文化之中，日益成为人们的行为规范。价值观的引领作用已经越来越被国家顶层设计所重视，在大学和中小学的国标教材内容编写和课程设置中，价值观的权重前所未有地受到重视和提高；在文化安全、意识形态安全、网络安全等领域，倡导正确价值观、反对错误价值观已经成为越来越受到人们关注的主旋律。构建当代中国价值观，必须对传统文化进行创造性转化和创新性发展，积极吸收世界优秀文明成果，已经日益成为共识。在培育和践行社会主义核心价值观过程中，注重落细落小落实，力求使之像空气一样弥漫在生活中，日用而不觉，正在成为人们自觉追求的目标和境界。

在现代国际社会，国家形象之于国家的存在和发展具有重要意义，而影响或构成国家形象的关键要素之一，就是在国际社会或国际关系中所宣示的价值理念。世界发展新格局和中国地位的有力提升，需要我们展示大国姿态、大国风度、大国形象。中国价值观念是当代中国的精神名片。当代中国价值观念既有文明古国的文化底蕴，又有现代文明的精神元素；既传承了泱泱大国的包容风范，又秉持了谦谦君子的典雅风度；既坚持了勇于担当的正义之气，又坚守了关心人类的和平之道。特别是习近平总书记倡导的坚持和平发展道路，构建以合作共赢为核心的新型国际关系，构建人类命运共同体等理念，得到国际社会认同。在金砖国家领导人厦门会晤期间，习近平总书记用“一箭易断，十箭难折”的生动比喻来表达国际合作的价值理念，引起与会各方共鸣。

在文化自信中彰显当代中国价值观念，在构建和传播当代中国价值观念中进一步坚定文化自信，这是当代中国文化建设中的一个重要内容，也是一个显著特色。

（资料来源：郝立新．核心价值观：当代中国精神名片［N］．光明日报，2017-10-18.）

囊中羞涩　来份“墙上便饭”

一碗饭、一碗面对多数市民来说，根本花不了多少钱，但对一些贫苦的人来说却比较困难。8 月 18 日，潍坊市高新区一家餐馆在店内开展了“墙上便饭——贴上爱心带走暖心”行动，好心人纷纷奉献爱心，将爱心餐券贴在餐厅墙上等待需要的人来享用。

在北京看到后深受感动，回潍坊弄起来

当天记者来到位于高新区银枫路与桐荫街交叉口附近的这家餐馆看到，店面虽然不大，但人气很旺。一进门就看到一块很大的板子上，“墙上便饭”四个字非常醒目。

据了解，“墙上便饭”与国外的“墙上咖啡”异曲同工，是指捐款人购买 10 至 30 元不等的便饭，把爱心餐券贴在合作伙伴餐厅墙上，为一时陷入困境的人买份便饭，解决燃眉之急，体现人人公益的价值理念。

说到为何要在自己餐馆内开展“墙上便饭”行动，老板董爱林对记者说，因为之前工作的单位效益不好，2016 年 10 月，他就和妻子在此处开了餐馆，自从经营以来，生意一直不错。前段时间，他到北京，在一家餐馆吃饭时，注意到餐馆开展了“墙上便饭”行动，他深受感动，认为这是一项非常有爱心的公益活动，潍坊也应该开展。

董爱林经多方了解得知，这项行动是新疆人亚力坤·奥斯曼发起的，于是通过朋友帮助联系到了他，而且亚力坤·奥斯曼先生对此非常支持，并于 18 日专门从北京赶到潍坊。

好心人买下一碗面，把爱心餐券贴墙上

据亚力坤·奥斯曼介绍，他退休后成了一名志愿者，两年前发起了“墙上便饭”行动，目的是能为一时陷入困境的人买份便饭，解决他们的燃眉之急。让他非常欣慰的是，目前全国有 530 家餐馆都加入了“墙上便饭”这一爱心行动。

“我代表朋友来买下这 20 碗爱心面的，他说每天要捐出一元钱，一年捐出 365 元钱。”亚力坤·奥斯曼对记者说。

董爱林 7 岁的女儿“白雪公主”在爱心墙上贴上了第一张爱心餐券——价值 18 元的腊肉拌面。“有困难的爷爷奶奶或是叔叔阿姨都可以来免费吃这碗面哦。”“白雪公主”笑着对记者说。

不少好心人了解后，都买下了一碗面，把爱心餐券贴在了爱心墙上。“这种爱心方式让有需要的人得到帮助，对领取‘墙上便饭’的人我们不需要进行身份识别，只要是有需要‘墙上便饭’的人，我们就欢迎。”董爱林说，只要需要者进店到爱心墙上撕下一张爱心餐券，交到服务人员手中，他们就会和对普通顾客一样提供便饭。

（资料来源：中国文明网，2017 年 8 月 21 日）

【知识检测】

一、单项选择题

1.（　　）是社会主义核心价值体系的内核。

A. 社会主义核心价值观　　B. 社会主义先进文化

C. 科学发展观　　D. 中华民族精神

2. 社会主义核心价值观的基本内容包含（　　）个层面、（　　）个词，共（　　）个字。

A. 3　4　12　　B. 3　12　24

C. 3　6　12　　D. 3　6　18

3. 社会主义核心价值观的24个字是（　　）。

A. 民主、文明、和谐、正义、自由、平等、公正、法治、爱国、敬业、诚信、友善

B. 富强、民主、文明、和谐、友爱、平等、公正、法治、爱国、敬业、诚信、友善

C. 民主、文明、和谐、自由、平等、公正、法治、爱国、敬业、诚信、友善、公道

D. 富强、民主、文明、和谐、自由、平等、公正、法治、爱国、敬业、诚信、友善

4. 人民有信仰，民族才有希望，国家才有力量。对一个民族、一个国家来说，最持久、最深层的力量是（　　）。

A. 统治阶级认可的法治观　　B. 统治阶级认可的德治观

C. 全社会共同认可的核心价值观　　D. 统治阶级认可的大政方针政策

5. 属于国家层面的社会主义核心价值观是（　　），从国家层面标注了社会主义核心价值观的时代刻度。

A. 富强、民主、文明、和谐

B. 自由、平等、公正、法治

C. 爱国、敬业、诚信、友善

6. 社会主义核心价值体系是引领社会思潮的（　　）向导。

A. 价值　　B. 理论　　C. 精神　　D. 革命

7. 任何一个政党，都有昭示自己奋斗目标和行动纲领的理论。这种理论，马克思、恩格斯称之为政党的“（　　）”。

A. 纲要　　B. 宣言　　C. 旗帜　　D. 向导

8. 中共中央办公厅下发的《关于培育和践行社会主义核心价值观的意见》指出，（　　）是公民个人层面的价值准则。

A. 富强、民主、文明、和谐　　B. 自由、平等、公正、法治

C. 爱国、守法、明礼、守信　　D. 爱国、敬业、诚信、友善

9. 社会主义核心价值体系是国家（　　）的核心内容。

A. 竞争力　　B. 凝聚力

C. 文化软实力　　D. 创造力

10. 我们追求的民主是人民民主，其实质和核心是（　　）。

A. 人民政治协商　　B. 人民当家做主

C. 基层民主自治　　D. 肝胆相照、民主监督

11. “和而不同”“天人合一”等传统文化理念蕴含了社会主义核心价值观

的（　　）理念。

A. 和谐　　B. 文明　　C. 法治　　D. 爱国

12. 实现人的自由而全面发展是社会主义的（　　）。

A. 终极价值　　B. 根本原则

C. 初级目标　　D. 本质

13. 美国前总统林肯曾经说：“所有的人生来都是平等的。”这里的“平等”主要指（　　）。

A. 规则平等　　B. 形式平等

C. 权利平等　　D. 机会平等

14. 培育和践行社会主义核心价值观要坚持以（　　）为核心。

A. 理想信念　　B. 文明礼仪

C. 公平正义　　D. 志愿活动

15. 在社会主义初级阶段，爱国同社会主义紧密结合在一起，要求人们以（　　）为己任，促进民族团结、维护祖国统一、自觉报效祖国。

A. 爱岗敬业　　B. 振兴中华

C. 奉献社会　　D. 努力奋斗

16. 从价值呈现来看，诚信价值观的呈现形式表现为（　　）、人际约定和社会氛围的多维构建。

A. 个体约束　　B. 法纪约束　　C. 公民信仰　　D. 道德约定

17. 全社会能否成功培育和践行社会主义核心价值观，关键在于（　　）作用。

A. 领导干部的主导和驾驭　　B. 教育部门的教育和引导

C. 政府部门的践行和示范　　D. 舆论部门的宣传和引导

18. 马克思主义是我们（　　）的根本指导思想。

A. 立党立国　　B. 立党为公

C. 执政为民　　D. 依法治国

19.（　　）是社会主义核心价值观的本质特征。

A. 实践性　　B. 理论性　　C. 开放性　　D. 原则性

20. 社会主义核心价值观的根本理论依据是（　　）。

A. 马克思主义　　B. 毛泽东思想

C. 邓小平理论　　D. 科学发展观

二、多项选择题

1. 社会主义核心价值观体现了社会主义的本质要求，是对我们要（　　）等重大问题的深刻解答。

A. 建设什么样的国家　　B. 建设什么样的社会

C. 培养什么样的公民　　D. 坚持什么样的道路

2. 推进社会主义核心价值观与社会主义核心价值体系建设，就是要弘扬共同理想、凝聚精神力量、引领道德风尚，形成（　　）的精神纽带，使我们的国家、民族、人民在思想上和精神上强起来，更好地坚持中国道路、弘扬中国精神、凝聚中国力量。

A. 团结向上　　B. 奋发向上

C. 团结和睦　　D. 和睦融洽

3. 中华民族传统文化源远流长、博大精深，积淀着中华民族最深层次的精神追求，包含着中华民族最根本的精神基因，是凝练社会主义核心价值观珍贵的思想资源，包括以下理念：（　　）。

A. 重和谐　　B. 重伦理

C. 重民本　　D. 重爱国

E. 重自强

4. "一种价值观要真正发挥作用，必须融入社会生活，让人们在实践中感知它、领悟它。"大学生要切实做到（　　），使社会主义核心价值观成为一言一行的基本遵循。

A. 勤学　　B. 修德

C. 明辨　　D. 笃实

5. 在全社会培育和弘扬社会主义核心价值观，需要大学生始终走在时代前列，成为社会主义核心价值观的（　　）。

A. 坚定信仰者　　B. 积极传播者

C. 模范践行者　　D. 忠实守护者

6. 社会主义核心价值观的基本范畴和基本原则有（　　）。

A. 倡导富强、民主、文明、和谐

C. 倡导爱国、敬业、诚信、友善

B. 倡导自由、平等、公正、法治

D. 倡导改革、开放、民主、科学

7. 社会主义核心价值体系的基本内容是（　　）。

A. 马克思主义指导思想

B. 中国特色社会主义共同理想

C. 以爱国主义为核心的民族精神和以改革创新为核心的时代精神

D. 社会主义荣辱观

8. 社会主义核心价值观以其（　　）而居于人类社会的价值制高点，具有强大的道义力量。

A. 先进性　　B. 人民性　　C. 真实性　　D. 阶级性

9. 社会主义核心价值观（　　）为我们坚定核心价值观自信提供了充分的理由。

A. 丰厚的历史底蕴　　C. 强大的道义力量

B. 强大的理论自信　　D. 坚实的现实基础

10. 加强社会主义核心价值体系建设的重要意义，在于社会主义核心价值体系（　　）。

A. 指明了中国发展的前进方向　　B. 凝聚了民族团结的力量

C. 提供了国家发展的强大动力　　D. 奠定了社会和谐的思想基础

三、简答题

1. 如何理解社会主义核心价值观的基本内容？

2. 谈谈为什么要增强价值观自信。

四、论述题

核心价值观的养成绝非一日之功。那么，大学生应当如何养成社会主义核心价值观助力中国梦的实现？

扫描二维码查看参考答案：

第五章

明大德　守公德　严私德

【名人警句】

存心不善，风水无益；不孝父母，奉神无益；兄弟不和，交友无益；行止不端，读书无益；做事乖张，聪明无益；心高气傲，博学无益；时运不济，妄求无益；不惜元气，服药无益；妄取人财，布施无益；淫恶肆欲，阴骘无益。

——林则徐

恻隐之心，仁之端也；羞恶之心，义之端也；辞让之心，礼之端也；是非之心，智之端也。

——孟子

【学习要点】

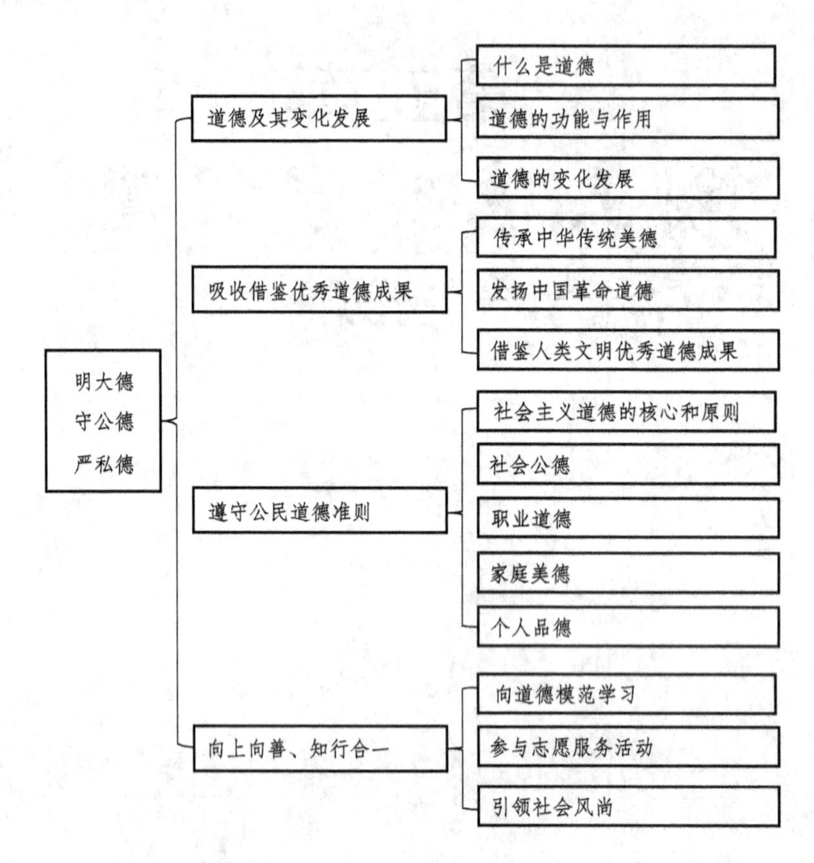

【学习目标】

1. 通过学习能正确理解道德的含义，准确把握道德的起源，理解道德的本质、功能与作用及道德的变化与发展；推进社会主义道德建设，自觉继承并弘扬中华传统美德和中国革命道德，以开放的胸怀和视野吸收借鉴人类文明的道德成果，不断深化对社会主义道德的认识。

2. 通过学习能正确认识公共生活、职业生活和恋爱婚姻家庭生活中的道德要求，增强公德意识，形成良好的职业操守，正确处理恋爱婚姻家庭关系，自觉加强个人道德修养，真正成为一个有修养、有德性、向上向善、知行合一的新时代大学生。

【学习重点】

1. 理解道德的内涵，准确把握道德的本质及功能与作用。

2. 了解道德的变化与发展及如何借鉴人类文明的道德成果，培养良好的道德。

3. 理解公共生活中的道德，把握社会公德的主要内容，增强公德意识，自觉地用道德规范自己的行为。

4. 大学时代树立正确的择业观，准确把握职业道德的内容。

5. 了解恋爱婚姻家庭生活中的道德要求。

【阅读欣赏】

守护人人有责的社会公德

从集体哄抢到景区泡脚，从高铁占座到公交“动手”，违反公德的事件屡屡在网上引发热议。令人遗憾的是，不文明行为把自我凌驾于社会之上；但值得欣慰的是，每一次关于事件的深入讨论，都是一次道德教育的过程，也是自我反思的良机。经过人们的讨论，模糊的概念愈发清晰，抽象的条文愈发具体，应对的手段愈发明确。给类似行为持续“曝光”、向不文明现象勇敢说“不”的人越来越多，凝聚起全社会振聋发聩的正义呼声。

习近平总书记指出，必须加强全社会的思想道德建设，激发人们形成善良的道德意愿、道德情感。今天，现代化进程马不停蹄，社会文明的建设也驶上了“快车道”。守护公德，理应出于内心的道德戒律，而不是做给人看，更不是有利可图。如果每次都要靠惨痛的教训“撞过南墙才回头”，提升文明素质的代价未免太大。这种道德自觉，并不来自玄奥的说教，恰恰是父母的言传身教、老师的谆谆教诲和身边人的率先垂范构成的良好社会风尚，为每个人定下了道德的基调。

党的十八大以来，随着公民道德建设工程的深入实施，不断涌现的榜样扮靓了时代的道德天际线。托举哥、夺刀侠、小红帽、绿丝带，这些个人和集体激发了向上向善的道德热情；交警和司机接力为救护车开道，网友留言鼓励并报警拯救轻生女孩，市民自发设立并守护“爱心冰箱”，一件件暖心事为社会风气刷上了清爽的底色。与此同时也要看到，众人拾柴易，自告奋勇难；精神支持易，切实践履难。相比隔着屏幕义愤填膺，老人摔倒扶不扶、目睹行窃管不管等具体场景仍会让一些人犹豫踟蹰。道理其实都明白，但“知而不行”的困境背后，既有对价值的判断，更有对利益的考量。

有人认为：只要不违反公德，在私德领域可以任性而为。事实上，人处在各种社会关系之中，与世隔绝的“世外桃源”无从寻觅。尤其身处人人都有“麦克风”、处处都是“直播间”的时代，个人学术失信，对其他人不公平；明星绯闻频出，形成负面示范……私德若是“光着脚”，公德注定“无法跑”。习近平总书记深刻指出，核心价值观，其实就是一种德，既是个人的德，也是一种大德，就是国家的德、社会的德。私德的意义不在于独善其身，而是以公共空间为坐标锚定私人领域的界限。事实上，在洒扫应对中涵养道德的涓涓细流，将汇聚成文明社会的汪洋大海。

在私利与公益的张力面前，是否维护公德，是我们面临的第一个考验。如何挺身而出，怎样做好则是第二个考验。乘客干扰公交车司机驾驶，是言语说服还是紧急制止？公共场合遇到“熊孩子”，是告知家长还是替人管教？遇到人员受伤，是参与急救还是呼叫求救？很多情况没有标准答案，但过程失之毫厘，结果谬以千里。无论是急救教育进校园、应急知识进社区，还是普法教育、安全教育的深入，都旨在提高道德实践能力尤其是自觉践行能力。我们常说：见义勇为还需见义智为、见义善为。光凭一腔热忱，难免“好心办坏事”；如果酿成意外，反而会挫伤向善的积极性。

当然，不能苛责千钧一发时事事决策周密，侠肝义胆本身就是耀眼的人性光辉。免除见义勇为者的后顾之忧，需要法律为道德护航，为合理的善行兜底。近年来，关于文明出游、公共场所禁烟等内容被纳入法律范畴，司法审判对家暴、虐待、遗弃等问题态度不断明确，《民法总则》专门设置了见义勇为不担责的相关条款……这些可喜的改变释放着法治的善意。一方面，对不文明行为划定红线，通过法律的力量倒逼人们敬畏规则；另一方面，法律为公德撑腰，保证行善机制不贬值褪色。让良法推动善治，发挥制度法律与公序良俗的合力，文明大厦的基座才会越筑越牢。

“道德是社会关系的基石，是人际和谐的基础。”在道德践履的路上，没有人可以置身事外。以良好风气的软引导呼唤公德，以制度法律的硬约束护佑公德，文明的沃土就不会沙化。更关键是你我共同呵护，点点滴滴磨砺道德自觉，危急关头果断施以援手，这样，社会公德就不会遭遇破窗效应，文明的幼苗就能长成参天大树。

（资料来源：人民日报评论部．守护人人有责的社会公德［N］．人民日报，2018－11－25．）

【学习案例】

【案例一】“六尺巷”的典故

清康熙年间，张英担任文华殿大学士兼礼部尚书。他老家桐城的官邸与吴家为邻，两家院落之间有条巷子，供双方出入使用。后来吴家要建新房，想占这条路，张家人不同意。双方争执不下，将官司打到当地县衙。县官考虑到两家人都是名门望族，不敢轻易了断。这时，张家人一气之下写封加急信送给张英，要求他出面解决。张英看了信后，认为邻里之间应该谦让，他在给家里的回信中写了四句话：“千里来书只为墙，让他三尺又何妨？万里长城今犹在，不见当年秦始皇。”家人阅罢，明白其中含义，主动让出三尺空地。吴家见状，深受感动，也主动让出三尺房基地，“六尺巷”由此得名。

案例点评：

“六尺巷”典故所包含的谦和礼让精神实际上也是中华传统文化的精神，此举避免了邻里之间剑拔弩张，对簿公堂，化干戈为玉帛，自古被传为佳话。它的“宽”不是宽在“六尺”上，而是“宽”在人们的心灵境界与和谐礼让精神上。在故事中，人们都在称颂张英大学士的高尚品格，“懿德流芳”是给他的最高褒奖。后人们不管是出于纪念还是旅游的目的，将这个古老的故事镌刻在屏风上。包容忍让，平等待人，作为一种美德，从古流传，心胸开阔、恭谦礼让的人为世人敬仰。礼让，不仅是美德，更是人际关系的调节器。当遇到与他人利益的矛盾冲突时，退一步海阔天空，做好人，行善事，“福虽未至，祸已远离”。在建立和谐社会的进程中，这种谦和礼让的传统就更需要发扬光大。“六尺巷”典故已远远超出其本意，成为彰显中华民族和睦谦让美德的见证。

【案例二】树高千尺不忘根——马旭：分毫积攒　千万捐赠的老人

2017年9月，两位老人来到武汉市一家银行，准备向黑龙江省哈尔滨市木兰县一个账户转账300万元。因为金额较大，银行职员怕老人遭遇电信诈骗，偷偷报了警。警察来后大家了解了事情的原委，才发现背后有一个感人至深的故事，85岁高龄的空军离休干部马旭和她的丈夫颜学庸的事迹至此广为人知。

马旭要把钱捐给自己的老家木兰县，她要捐献的不只是300万元，而是自己和老伴毕生一分一毫、省吃俭用攒下来的 1 000 万元，只因为“我在家就是个穷孩子，我希望这钱捐给家乡的穷孩子们，希望他们得到良好的教育，有了知识就有了财富，有了财富更有知识，它是个良性循环”。

1933 年 3 月，马旭出生在黑龙江省木兰县。父亲早年过世，母亲拉扯她和弟弟艰难度日。随着解放军在东北战场上节节胜利，许多年轻人积极应征入伍。15 岁的马旭穿上军装，成了一名医务兵，先后参加了辽沈战役和抗美援朝战争。从朝鲜战场回国后，她被保送到第一军医大学深造，毕业时以全优成绩被分配到原武汉军区总医院。

1961 年，中央军委决定组建空降兵部队。作为军医，28 岁的马旭负责跳伞训练的卫勤保障。她很快发现经常有空降兵因为落地不稳而使脚踝和腰部受伤。想找到避免空降兵着陆受伤方法的马旭，萌生了学跳伞的想法。半年后，马旭开始和男兵一起跳伞，成为新中国第一批女空降兵之一，一跳就是 20 多年，并全身心投入科研中。马旭夫妇翻阅大量外军伞训资料，并运用在大学里学到的解剖学、运动生理学等方面的知识，结合自己的跳伞实践，分析受伤原因，反复探索，成功研制出“充气护踝”，装备空降兵部队。1995 年 7 月，马旭夫妇共同研制的伞兵单兵高原跳伞“供氧背心”，通过空降研究所技术鉴定，并获国家专利，填补了空降兵高原跳伞供氧上的一项空白。

离休后，马旭夫妇没有住在部队安排的住房，而是搬到武汉市远郊黄陂区一个普通小院里，过着简朴的生活。走进马旭家，屋内条件简陋得让人难以想象：许久没有粉刷的墙壁上有些墙皮已经剥落，客厅里的吊灯年久失修，睡的床是 20 世纪六七十年代的硬板床，沙发已露出破麻布和棉絮，最贵的家具是当年老人为搞科研专门打的书柜，里面装满了两位老人的科研成果和资料书籍。这套书柜，也仅花了五六百元。一日三餐，他们吃的都是粥、馒头、面条和青菜。二老共用一部用了 10 多年的翻盖手机，所穿衣服都是军队发的各种军装。

离休后，马旭和丈夫专注于医学科研，在军内外报刊发表了 100 多篇学术论文和体会，并撰写了《空降兵生理病理学》《空降兵体能心理训练依据》，填补了我国在这方面的研究空白，并获得 4 项国家发明专利。这千万善款，一部分就来自他们研发出科研成果的报酬和奖励。

马旭对自己的生活“小气”到近乎苛刻，对公益事业却“大气”到令人难以置信。马旭认为，吃喝玩乐只是一时欢愉，如果个人的萤火微光能对社会、对他人有一点帮助，就是最有意义的事。按照马旭老人的意愿，她的这笔捐款将用于木兰县的教育、公益事业。经木兰县委、县政府研究决定，将建设一个公共场馆，用于开展教育、文化活动，场馆名称初定为“马旭文博艺术中心”。

案例点评：

在这对夫妇的身上我们看到了德行高尚者的情怀，他们不图名不图利，不追求奢华的生活，不追求名扬千古。一生节俭，却无私奉献。他们拿出自己毕生的积蓄献给祖国的教育事业，但是他们自己一生节俭，屋里没有一件多余的家具，身上没有一件华丽的衣衫，省吃俭用，却拿出巨款捐给家乡。在他们的身上勤俭是一种美德，奉献是一种精神。正如写给马旭的2018年感动中国人物颁奖词所说："少小离家乡音无改，曾经勇冠巾帼，如今再让世人惊叹。以点滴积蓄汇成大河灌溉一世的乡愁，你毕生节俭只为一次奢侈，耐得清贫守得心灵的高贵。"

【案例三】不忘初心，坚守初心——张玉滚：担起乡村未来的"80后"教师

从河南南阳市镇平县城，一路向北，经高丘镇，沿山路盘旋而上，攀至海拔1 600多米的山顶，再顺山路蜿蜒而下，直下到海拔600米的谷底，走进大山深处的一所乡村小学——黑虎庙小学。这所学校被层层大山包围，黑虎庙村流传着一句顺口溜：上八里、下八里；羊肠道、悬崖多；还有一个尖顶山。从学校走到镇上，需要10个多小时。然而，就是在这样的环境下，小学教师张玉滚，坚守17年，从21岁的小伙变成38岁的大叔。

张玉滚大学毕业后，放弃在城市工作机会，回到家乡，从一名每月拿30元钱补助、年底再分100斤粮食的民办教师干起，一干就是17年。学校地处偏僻，路没修好时，他靠一根扁担，一挑就是5年，把学生的课本、文具挑进了大山。他是这里的全能教师，手执教鞭能上课，掂起勺子能做饭，握起剪刀能裁缝，打开药箱能治病。由于常年操劳，"80后"的他鬓角斑白、脸上布满皱纹。

当年，张玉滚之所以选择留下来，是因为走出大山，改变命运，过上好日子，是山里人世世代代的梦想、心心念念的追求。作为这里曾经的学生、当年刚从南阳第二师范学校毕业的张玉滚深知："要想刨除穷根，改变命运，必须从教育开始。"就这样，21岁的张玉滚成了一名每月拿30元补助、年底再分100斤粮食的民办教师。

由于学校条件艰苦，师资力量不足，张玉滚不得不把自己打造成"全能型"教师。语文、数学、英语、品德、科学，他样样"精通"。2014年，张玉滚接任校长后，又肩负起学校教研课改的工作。全校75个孩子，40多个学生在校住宿，1/3都是留守儿童，跟着爷爷奶奶生活，还有些孩子生活在单亲家庭，张玉滚把这些情况摸得一清二楚。张玉滚虽然收入微薄，但在17年间教过500多名孩子，资助过300多名学生。有他在，没有一个孩子失学。在张玉滚任教前，

村里只有一名大学生，现在已经有16名大学生。

张玉滚几乎把全部的心血倾注在学校、把全部的热爱给了学生，却对自己的家人充满愧疚。他最感亏欠的，是相濡以沫的妻子。学校原来没有食堂，孩子们自己从家里带米面馒头，在教室后面一间临时搭建的棚子里生火做饭。每天烟熏火燎不说，年龄小的孩子做的饭总是半生不熟。2003年，食堂建好了。可是给的工资少，没人愿意来做饭，还是开不了张。张玉滚想到了妻子张会云，在张玉滚的说服下，张会云放弃了在外打工一个月一两千元的收入，同意来学校给学生们做饭。然而，2014年5月的一天，张会云在轧面条时出了意外，右手四个手指被机器轧折，等赶到县医院，已错过最佳治疗时机，落下了残疾。但是，张会云比谁都明白丈夫的心。没休息几天，她就回到学校。只不过，炒菜、做饭，她从右手换成了左手。

张玉滚有一儿一女，因为没时间照顾，他把两个孩子全部送到县城寄宿学校，两周接一次。但因为学校事情多，他常不能按时去接孩子。

在家中，张玉滚在兄弟姊妹五人中排行老三，却是母亲最疼爱的那个。知道儿子工作忙，学校事情多，母亲总是默默支持他。每次家里有事，母亲总是不让他操心。2017年秋天，母亲癌症晚期，在南阳住院。家里人都知道，独独瞒了他一个。他接到弟弟的电话匆匆赶到医院时，母亲已经闭眼了……每当谈起家人，张玉滚总是充满愧疚。

令人欣慰的是，近些年，在上级教育部门和社会各界的关心下，学校的办学条件也在不断改善：新建了宿舍楼，盖起了食堂，校园里还搭起了乒乓球台。以前是“复式教学”，几个年级混在一起上课。现在从学前班到五年级都可以分班开课，课程跟城里孩子没啥差别。

张玉滚先后被授予全国优秀教师、全国师德标兵、全国岗位学雷锋标兵等称号。

（资料来源：《求是》2018年第22期）

案例点评：

坚持一阵子易，坚守一辈子难。对张玉滚来说，改变山里娃的命运，托起乡亲们的希望，是他一生的坚守。八百里伏牛山，云雾深处，大山之巅，成片成片的连翘扎根岩土，拥抱峰峦，迎着太阳默默生长。张玉滚就像这平凡而又坚韧、朴实而又厚重的连翘，用青春奉献大山，用坚持守住初心。他扎根偏僻山村十七载，如默默燃烧的红烛，照亮山区孩子求学上进的道路，用坚守和奉献在平凡的岗位上书写着出彩的人生，成为学生健康成长的指导者和引路人。

张玉滚的坚守和奉献，让平凡的事情有了非凡的价值和意义。我们大多数人都在平凡的岗位上工作，把分内的事做好就是担当、就是出彩。大学生要有热爱祖国、热爱家乡的浓厚情怀，增强事业至上、服务人民的责任担当，涵养筑梦中国、献身时代的精神境界，争做中华民族伟大复兴道路上的出彩人。

【案例四】恋爱是否已成为大学的必修课?

爱情是大学校园文化的重要主题。不少大学都有口耳相传的“爱情圣地”；有的大学甚至专设了恋爱课；而女生宿舍楼下每每成为浪漫地带，早年间是弹吉他，如今是点蜡烛、摆鲜花，常常上演感人的求爱画面；年轻人从不轻易浪费每个属于爱情的大日子，不够用就自己创造节日，于是每年 5 月 20 日变成了“表白日”，11 月 11 日成了“光棍节”。

不断有“大人物”出来奉劝大学生谈恋爱，学长们留下的大学生活经验也大都包括一条：来一场轰轰烈烈的恋爱……恋爱是否已成为大学的必修课？当代大学生的恋爱观又有哪些新风貌？让我们来“围观”两段真实的校园爱情，在满眼“泥石流”中，感受一下久违的“清流”。

朱心雨和尹西明的恋爱，开始于 2013 年的那场年夜饭。俩人都是清华大学的学生，朱心雨因为要做一场临终关怀的公益活动没有回家，而尹西明则因为要参加挑战杯的比赛而留校准备，于是他们都参加了学校组织的年夜饭。因为同是经管学院的学生，俩人开始聊天。聊着聊着，他们发现有太多相似点：曾上过同一门西方古典音乐课；刚刚分别从法国和新加坡交换回国；都曾支教且都热衷公益。气氛由沉闷到融洽再到开怀，不觉就聊到了深夜 3 点。“我以为，真正好的爱情是两个人目标方向一致，然后一起忘情奋斗。”尹西明说。这对优秀的校园恋人，把相同的追求变成了事业——组织社团。

大四那年，尹西明的计划之一就是保证有充足的时间多读书，这可能会大大缩减谈恋爱的时间，但俩人却玩出了新花样——他们一商量，就开通了一个叫“爷爷奶奶读书会”的微信公众号，以写读书志的形式每天分享自己的感悟。一来督促彼此真读书，二来也可表达一些平时难言的情愫。没承想，这个原本是情侣间精神互动的小园地，竟慢慢吸引了越来越多爱书人的关注加入。然后以此为基础，他们参与到筹建清华校友读书会等活动中，并组织了多场校园活动，呼吁倡导大学生读书。

为了改变晚睡晚起的不良习惯、培养健康的生活作息，尹西明与朱心雨制订了个晨跑计划：每天 7 点起床，用奔跑迎接黎明。因为每天跑完在微信朋友圈打卡，一些朋友同学开始加入进来，然后就一发不可收拾。他们干脆成立了一个叫“清华晨跑队”的社团，目前已有超过 200 位的队员。从两个人到两百人，两个人的爱情小故事，竟成就了一群人自我完善的新世界。晨跑小分队成立的第一百天，尹西明与朱心雨领了结婚证。

黄沛然和林怡惠是在美国留学期间认识的，相同的价值观和思维方式让两人渐渐靠近，然后找到了共同的事业。他们一起创业，为国内高中生提供到美国体验大学生活的短期游学项目，而创业的收益全部用来捐助国内贫困山区的留守儿童。

热心公益，让两个“90后”的留学生涯精彩纷呈。四川芦山地震发生后，他们组织芝加哥各高校的中国留学生募捐；他们一起在湖北一所希望小学建立梦想图书室；一起举办慈善画展，展出景颇族孩子的绘画作品，筹集艺术教育资金；从2018年开始，他们开始致力于为西藏、青海的小学生们建爱心图书馆、校园广播站以及扩改建校舍，等等。如今，他们又召集多名留学生一同回国创业，其中不乏放弃海外金融业高薪待遇的高管人才。他们对未来充满憧憬：“我们将以互联网模式在中国推广家庭早教方案，希望通过我们的努力，为中国增加100万个小时的高质量亲子陪伴时间。”

相爱相长的恋爱模式已经成为校园爱情的共识。对于大多数有梦想的大学生而言，甜蜜互动已不限于嬉戏玩耍，学术上的思想碰撞和事业上的互相扶持，让他们爱情的韧性得以延展。

案例点评：

谈恋爱，是年轻人心性成熟的重要途径。在青春灿烂的时光，表达真实热烈的情感，大学校园爱情本身无可厚非，不掺杂太多别的因素，只凭相同的志趣，便在人群中相认，这正是人们对校园爱情的印象——纯粹。年轻人创造了一个新词：“智性恋”——被对方的知识和思想所吸引。如今在大学校园里流行的这种恋爱价值观，未尝不是当代青年自我期许的一种投射。对于个性更鲜明、选择更多元的当代大学生而言，不在一地工作、父母不同意等现实的拷问，都不再是解不开的难题。理性让他们一开始就把这些问题考虑进去，并一起规划着未来，从这个意义上讲，是时代的“赋能”，给了爱情以保障。

对于当代大学生来说，是选择与恋人并肩奋斗、勾勒未来，还是享受内心圆融的孤独、探索世界的丰富，都一样值得被尊重、被欣赏。

【实践教学设计】

【项目一】课堂讨论——关于诚信问题

[实践目的]

通过讨论认识诚信的必要性和重要意义，做诚信的人。

[方案建议]

1. 提出问题：修洗衣机换个小零件，竟然要价 400 元；哄骗消费者，故意夸大保健品功效；为了吸引眼球，网店雇人刷好评……都是日常生活中司空见惯的“小事”。其实，这些“小事”背后反映了一个大问题：诚信缺失。诚信，是中华民族的传统美德，是社会主义核心价值观的重要内容，也是每个人安身立命的基本规范和行为准则，但诚信缺失现象仍时有发生。失信人人喊打，可为何失信现象依然屡禁不止？无论做人做事，我们都扪心自问：诚信，我做到了吗？如何做到诚信？

2. 分组讨论、选出代表陈述观点。

3. 得出结论。

【项目二】校园调查——大学生恋爱观调查

[实践目的]

树立正确的恋爱观，正确对待校园恋情。

[方案建议]

1. 请同学们自己设计一份关于恋爱观调查的问卷，至少访谈 10 名同学，了解同学们的恋爱观，写一份调查报告。

2. 分组讨论、选出代表陈述观点。

3. 得出结论。

【项目三】一封家书——给父母写一封信

[实践目的]

通过一封给父亲/母亲的信，让学生反思父母为我做了什么，我为父母做了什么，体会父母的付出，感念父母的养育之恩，做一个感恩的人，孝顺父母，守护亲情。

[方案建议]

1. 要求学生给自己的父母写一封信。

2. 选取优秀学生代表交流心得。

【项目四】学习榜样——寻找身边的道德模范

[实践目的]

学习道德楷模，积极投身崇德向善的道德实践中。

[实践方案]

1. 搜集道德模范的先进事迹并进行宣讲。

2. 撰写学习心得并选取优秀学生代表交流。

【影视鉴赏】

视频一：《大爱如天》

内容简介：

林巧稚（1901 年 12 月 23 日—1983 年 4 月 22 日），医学家，是中国妇产科学的主要开拓者、奠基人之一。她是北京协和医院第一位中国籍妇产科主任及首届中国科学院唯一的女学部委员（院士），虽然一生没有结婚，却亲自接生了 5 万多婴儿，被尊称为“万婴之母”“生命天使”“中国医学圣母”。甚至在去世前一天还接生了 6 个婴儿。1983 年 4 月 22 日，林巧稚在协和医院逝世。遗嘱中，她将个人毕生积蓄 3 万元人民币捐给医院托儿所，骨灰撒在故乡鼓浪屿的大海中。

视频二：《雨中的树》

内容简介：

影片讲述了原四川省万源县（今为万源市）组织部长李林森平凡、短暂却卓越的一生。暑假即将结束，17 岁的李东阳却因为对父亲李林森的一句承诺，不顾母亲的反对，毅然踏上了追寻父亲的足迹之路。那些父亲曾经走过的路，那些父亲曾经生活、工作过的地方，那些父亲曾经交往过的人物，那些父亲的铿锵言语，又一一呈现在李东阳的面前。他跋山涉水，不仅经历了一次生理的考验，更经历了一次心灵的成长。虽然父亲去世的事实无法改变，但父亲的真诚与善良、父亲对生命意义的不懈追求，却在李东阳的心中留下了永远不可磨灭的烙印。

视频三：《杨善洲》

内容简介：

20 世纪 80 年代初期，时任云南保山地委书记的杨善洲全力以赴发展农业，可当地因为历史原因造成山林被大量砍伐，生态失衡，不仅百姓吃水都成问题，保山农业生产抵御自然灾害的能力也很低。杨善洲意识到改变环境势在必行，一定要扭转靠天吃饭的被动局面，他下定决心自己当“龙王”。杨善洲退休后去大亮山种树，还子孙青山绿水。开山垦荒的日子是艰苦的，过程也是极其曲折坎坷的，但时间过去了 17 年，他付出全部心血的大亮山终于变得苍翠。杨善洲去世后的2010年，云南遭遇百年大旱，青翠的大亮山护佑下的保山人未受大旱影响。青山是杨善洲生命的真实写照，讲述着一个共产党人心系人民的赤诚。

视频四：《郭明义》

内容简介：

郭明义参加工作33年，爱岗敬业33年。从部队到地方，从矿山汽车司机到党委干事，从外国专家的工作翻译到风里来雨里去的公路管理员，对待每项工作兢兢业业，尽职尽责，做得有声有色。他用高度的责任感和敬业精神，查出了进口电动轮汽车的质量问题，让享有国际盛誉的外国公司认短服输，为国家追回了10万美金的损失，并博得了外国专家的高度赞赏。为了保证公路畅通，14年来，他每天坚持早出工2小时，晚收工2小时，10年完成了15年的工作量。为了帮助身患白血病的苗苗找到合适的干细胞配型，他在职工浴池里一边为工友搓澡，一边宣传捐献干细胞的意义；为了给一个男孩寻找特殊的干细胞配型，他历时3年，锲而不舍，用真诚和执着挽救了一个年轻的生命。郭明义3次让房、56次献血、常年为希望工程捐款累计12万元、他几次把自己家的电视机送给别人。在郭明义的眼睛里，总能看到比自己更困难的人。然而，他送给与自己生活了20多的妻子的节日礼物，却是一枚价值28元的戒指。郭明义很普通，因为，他做的每件事看上去都是常人能做到的平凡小事。他用积沙成塔的精神，竖起了一座当代雷锋精神的丰碑。郭明义用“润物细无声”的春雨境界，感动着每一个人。郭明义爱心团队不断壮大，活跃在鞍山，活跃在全国，他的精神像一缕强劲的春风，用奉献播撒人间真情。

请同学们到网上下载上述视频观看并准备课堂讨论发言。

【延伸阅读】

延伸阅读一：诚信是每个人的本分

修洗衣机换个小零件，竟然要价400元；哄骗消费者，故意夸大保健品功效；为了吸引眼球，网店雇人刷好评……今天刊发的这几封来信，讲的都是群众日常生活中司空见惯的“小事”。其实，这些“小事”背后反映了一个大问题：诚信缺失。

诚信，是中华民族的传统美德，是社会主义核心价值观的重要内容，也是每个人安身立命的基本规范和行为准则。事实上，党的十八大以来，我国加快推进社会信用体系建设，不断扎牢制度的笼子，“一处失信、处处受限”的良好态势正在形成。但毋庸讳言，诚信缺失现象仍时有发生。

失信人人喊打，可为何失信现象依然屡禁不止？无非是有些人利令智昏，只图眼前的名和利，把坑蒙拐骗作为发财之道，把弄虚作假当成晋升之法，把铤而走险当成捷径之梯。但无论是个人还是企业，不讲诚信，都是一种短视行为。就拿企业失信来说，从短期看，偷工减料、弄虚作假甚至生产假冒伪劣产品或许可以赚取高额利润，但侵犯了消费者利益，无形中耗损了自身信誉，长期来看会丧失消费者信任，严重者更会被绳之以法。三鹿奶粉案、长生疫苗事件，都殷鉴不远，不仅毁了企业，更给整个行业带来了不良影响。

随着经济社会转型发展，人口流动加速，乡土中国的熟人社会逐渐迈向现代文明，利益主体趋于多元，社会交往面增大。诚信更像一条纽带，连着每个人。一旦失信，容易引发"破窗效应"，造成生产消费过程中的不信任感。对此，一位读者深有感触：家乡盛产苹果和梨，每年有很多商贩开着卡车来收购。当地民风淳朴，各家各户对采摘下的苹果和梨，精挑细拣，把好的卖给商贩。然而，有一年，一个外来承包户不守诚信，把一些次果子埋在筐底卖给了商贩。很多果农都很生气，可是到第二年再卖果子时，有些人就学他，也把残次果子埋在筐底。商贩们由于笃信果农们，也不检查，便一股脑儿收了去。但商贩们回去后才知道上当，之后就不敢再来了。

事实说明，不讲诚信，最终会搬起石头砸自己的脚。如果一种失信行为未受到处罚反而获利，就会产生"劣币驱逐良币"的效应。市场经济本质上是信用经济，信用建设是市场经济的基石。只有恪守契约精神，才能行稳致远。

在贵州省毕节市大方县黄泥乡石丫村，有一位双目失明的老人梁先学开了一间杂货铺。老人开店三年，虽然眼睛不好使，但买物品的大人小孩都讲诚信，凭良心付钱后拿走所买的东西，货物没少过一样，钱没少过一分。

一间杂货铺，一位失明老人，来来往往的顾客，用诚意回报信任，用善意温暖彼此。如何让这样温暖的故事更多些？除了完善法治保障，把失信行为关进制度的笼子，更需要每个人都从自我做起。无论是经商还是与人交往，都得扪心自问：诚信，我做到了吗？期待诚信成为每个人心中最质朴的道德定律，成为你我的自觉行动。

（资料来源：金正波．诚信是每个人的本分［N］．人民日报，2019-05-13（07）.）

延伸阅读二：习近平写给父亲的一封信

6月18日，是父亲节。习近平与他的父亲习仲勋之间，有很多感人的故事。

2001年10月15日，是习仲勋88岁生日。当时家人为习仲勋举办寿宴，唯有时任福建省长的习近平因公务繁忙而缺席。于是，习近平给父亲写了一封信。这封信既充满了对父亲生日的祝福，也有不能亲临父亲身旁的遗憾，但更多的是对父亲人格与品德、胸怀与作风、信仰与追求的崇敬之情，表达了将父亲的好作风、好家风世代相传，投身于共产主义事业，投身于人民的坚定决心。

信的全文如下：

敬爱的爸爸：

今天是您的88周岁生日，中国人将之称为米寿。若按旧历虚两岁的话，又是您90岁大寿。这是一个值得庆祝的大喜日子。昨晚我辗转反侧，夜不能寐，既为庆祝您的生日而激动，又因未能前往祝寿而感到遗憾和自责。

自我呱呱落地以来，已随父母相伴48年，对父母的认知也和对父母的感情一样，久而弥深。我从您身上要继承和学习的高尚品质很多，最主要的有如下几点：

一是学您做人。爸爸年高德劭，深受广大人民群众和我党同志、党外人士的尊敬。这主要是您为人坦诚忠厚、谦虚谨慎、光明磊落、宽宏大度。您一辈子没有整过人，坚持真理不说假话，并且要求我也这样做。我已把你的教诲牢记在心，身体力行。

二是学您做事。爸爸自少年就投身革命，几十年来勤勤恳恳、艰苦奋斗，为党和人民建功立业，我辈与您相比，实觉汗颜。特别是您对自己的革命业绩视如过眼烟云，从不居功，从不张扬，更值得我辈学习和效仿。

三是学习您对共产主义信仰的执着追求。无论是白色恐怖的年代，还是极左路线时期；无论是受人诬陷，还是身处逆境，爸爸对共产主义的信念仍坚定不移，相信我们的党是伟大的、正确的、光荣的。您的言行为我们指明了正确的前进方向。

四是学您的赤子情怀。爸爸是一个农民的儿子，热爱中国人民，热爱革命战友，热爱家乡父老，热爱您的父母、妻子、儿女。您自己博大的爱，影响着周围的人们。您像一头老黄牛，为中国人民默默地耕耘着。这也激励着我将毕生精力投入为人民服务的事业中去。

五是学您的俭朴生活。爸爸平生一贯崇尚节俭，有时几近苛刻，家教的严格，是众所周知的。我们从小就是在您的这种教育下，养成勤俭持家习惯的。这样的好家风我辈将世代相传。

此时此刻，百感交集，书不尽言，上述几点，不能表达我的心情于万一。我衷心遥祝尊敬的爸爸健康长寿，幸福愉快！

儿近平叩首

（资料来源：习仲勋革命生涯编辑组. 习仲勋革命生涯［M］. 北京：中共

党史出版社，中国文史出版社，2005：668－669）

作为党和国家领导人，习仲勋很重视家庭。习近平的母亲齐心曾回忆："对于时任副总理兼国务院秘书长职务的仲勋来说，他宁愿在业余时间多照管孩子们一些，有时还要给四个孩子洗澡、洗衣服，那时我们的孩子都在住校或全托，这期间家里没有请保姆。对此，他视之为天伦之乐。尤其是当孩子们与他摔打着玩时，仲勋总是开心极了。"

【知识检测】

一、单项选择题

1. 道德通过评价等方式，指导和纠正人们的行为和实际活动，协调人们之间的关系。这指的是道德的（　　）。

A. 认识功能　　B. 调节功能

C. 沟通功能　　D. 教育功能

2. "苟利国家生死以，岂因祸福避趋之"反映了中华民族传统美德中的（　　）。

A. 责任意识与奉献精神　　B. 谦虚礼让的精神

C. 恪守诚信的精神　　D. 人际和谐的精神

3. 全心全意为人民服务是（　　）。

A. 中国传统道德　　B. 原始社会道德

C. 中国革命道德　　D. 一切社会共有的道德

4. 新文化运动时期，对待中国传统文化及道德有两种对立的观点：全盘否定与全盘肯定。今天，回顾历史，观照现实，对待中华传统文化与道德正确的态度应是（　　）。

A. 全盘复古　　B. 全盘西化

C. 结合时代要求继承创新　　D. 一半传统一半西方

5. 下列对中国革命道德的错误理解是（　　）。

A. 中国共产党人、一切先进分子、人民军队和人民群众在中国革命、建设、改革中形成的优秀道德

B. 中国革命道德是一种精神力量，也对当前社会主义建设事业发挥着重要作用

C. 中国革命道德超越了中华传统美德的时代局限

D. 与中华民族传统道德无关

6. 人们在公共生活中应该爱惜和保护全民和集体所有的公共财物，这是社会公德中（　　）。

A. 爱护公物的要求　　B. 助人为乐的要求

C. 文明礼貌的要求　　D. 保护环境的要求

7. 学生在课堂看手机、吃早饭不仅违反了课堂纪律，这属于（　　）行为。

A. 违法行为　　B. 违反社会公德行为

C. 违反职业道德行为　　D. 以上都不是，这是学生的权利

8. “干一行，爱一行。”这是职业道德中（　　）。

A. 办事公道的要求　　B. 爱岗敬业的要求

C. 诚实守信的要求　　D. 服务群众的要求

9. 国家公务员履行公务应遵纪守法，照章办事，不论远近亲疏都一视同仁，这是（　　）。

A. 助人为乐的社会公德的要求　　B. 办事公道的职业道德的要求

C. 尊老爱幼的家庭美德的要求　　D. 完善自我的人际吸引的要求

10. 对大学生来说，下列属于正确的恋爱观是（　　）。

A. 学习诚可贵，爱情价更高

B. 不在乎天长地久，只在乎曾经拥有

C. 世界上最浪漫的事就是和你一起慢慢变老

D. 恋爱是大学的一门必修课，大学四年不谈一场恋爱，大学就没有毕业

二、多项选择题

1. 中华民族传统美德内容理解正确的有（　　）。

A. 重视整体利益，强调责任意识、奉献精神

B. 追求精神境界，向往理想人格

C. 推崇仁爱原则，注重以和为贵

D. 提倡人伦价值

2. 社会主义道德建设要以集体主义为原则。社会主义集体主义原则的基本内涵有（　　）。

A. 为了集体利益必须牺牲个人利益

B. 集体利益高于个人利益

C. 集体利益和个人利益相统一

D. 重视、保障和发展个人的正当利益

3. 道德建设的核心体现并决定着道德建设的根本性质和发展方向。在中国特色社会主义建设的新时期，我国社会主义道德建设以为人民服务为核心。这是因为，为人民服务（　　）。

A. 只是对共产党员和一切先进分子的要求

B. 体现着先进性要求和广泛性要求的统一

C. 是社会主义市场经济健康发展的基本要求

D. 是社会主义经济基础和政治制度的客观要求

4. 社会公德是全体公民在社会交往和公共生活中应该遵循的行为准则，它涵盖了（　　）。

A. 人与自然之间的关系　　B. 人与人关系

C. 夫妻、邻里之间的关系　　D. 人与社会关系

5. 习近平总书记说：网络空间天朗气清、生态良好，符合人民利益。网络空间乌烟瘴气、生态恶化，不符合人民利益。作为当代大学生应当遵守下列网络道德：（　　）。

A. 正确使用网络工具　　B. 健康进行网络交往

C. 自觉避免沉迷网络　　D. 养成网络自律精神

6. 树立正确的择业与创业观，对于大学生顺利走进职业生活具有重要的现实意义。下列属于正确择业与创业观的有（　　）。

A. 吴同学大学毕业放弃大城市工作优厚的待遇，自愿到西部农村支教

B. 王同学毕业宁愿失业，也不去中小企业工作

C. 夏同学只考虑自己的兴趣，不考虑社会的需要

D. 郝同学在大学四年努力学习，建立了合理的知识结构，练就了较高的专业素质与技能，以适应将来的职业需求

7. 家庭是指在（　　）基础上产生的亲属之间所构成的社会生活单位。

A. 婚姻关系　　B. 血缘关系

C. 收养关系　　D. 结拜关系

8. 我国历史上思想家提出的道德修养方法有（　　）。

A. 学思并重　　B. 积善成德

C. 知行合一　　D. 坐而论道

9. 中国古人的下列说法中，对我们今天进行道德修养、锤炼个人品德仍具有很好借鉴作用的有（　　）。

A. “坐而论道”“闭门造车”

B. “不以善小而不为，不以恶小而为之”

C. “君子戒慎乎其所不睹，恐惧乎其所不闻。莫见乎隐，莫显乎微。故君子慎其独也。”

D. “吾日三省吾身：为人谋而不忠乎？与朋友交而不信乎？传不习乎？”

10. “纸上得来终觉浅，绝知此事要躬行。”作为一名大学生只有通过（　　），强化社会责任意识、规则意识、奉献意识，才能锤炼形成高尚道德品质。

A. 向道德模范学习　　　　　　B. 参加志愿服务活动

C. 做奉献　　　　　　　　　　D. 引领社会风尚

三、判断对错（在括号内，正确的打√，错误的打×）

1. 共产主义社会是人类发展的最高阶段，法律道德将会全部消失。（　　）

2. 道德没有强制力，因而对社会成员行为的调节只能靠法律而不能依靠道德。（　　）

3. 法律是成文的道德，道德是内心的法律。（　　）

4. 注重整体利益，强调对社会、民族、国家的奉献精神是中华民族的优良道德传统。（　　）

5. 中国的道德发展不需要借鉴其他民族的文明成果。（　　）

6. 中国传统道德对当代中国社会的发展具有重大价值。（　　）

7. 中国革命道德与中华民族传统美德没有什么关系。（　　）

8. 社会主义道德建设要以无私奉献为原则。（　　）

9. 社会主义道德建设要以为人民服务为核心，以集体主义为原则。（　　）

10. 集体主义道德原则的要求个人无条件服从集体利益。（　　）

扫二维码查看参考答案：

第六章

尊法学法　守法用法

【名人警句】

“立善法于天下，则天下治；立善法于一国，则一国治。”推进国家治理体系和治理能力现代化，当然要高度重视法治问题，采取有力措施全面推进依法治国，建设社会主义法治国家，建设法治中国。在这点上，我们不会动摇。

——习近平

【学习要点】

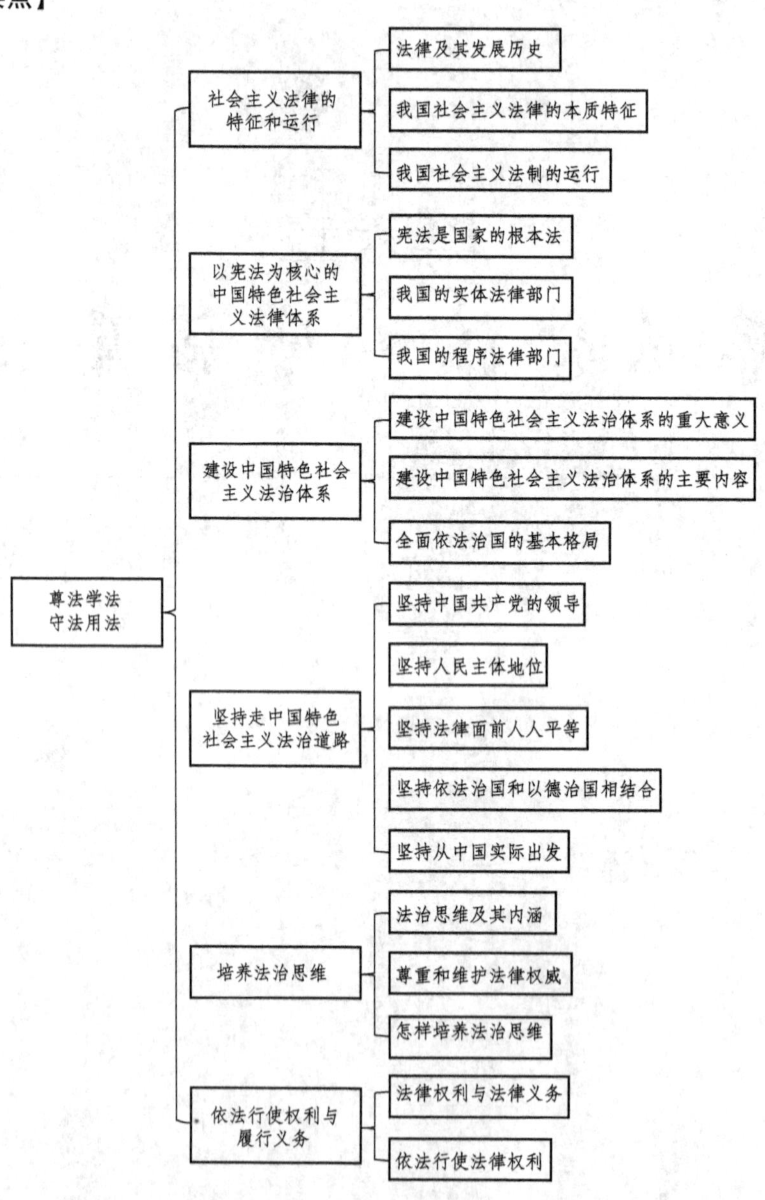

【学习目标】

1. 了解法律的概念及其历史发展，理解我国社会主义法律的本质特征、作用和运行，不断增强维护法律尊严的自觉性和责任感。

2. 了解我国宪法的基本特征和基本原则，掌握我国国家制度。

3. 掌握建设中国特色社会主义法律体系的重大意义和主要内容，明确坚持走社会主义法治道路应该怎么做。

4. 明确新时期树立社会主义法治理念的重要意义，熟悉法治理念所包含的基本内容，并通过正确理解法治思维方式的基本含义和特征，逐步培养社会主义法治思维方式。

5. 明确我国宪法和法律规定的公民基本权利与基本义务的主要内容，做到依法行使法律权利，依法履行法律义务。

6. 不断加强自身法律修养，增强法律意识，认识到维护社会主义法律权威的意义，自觉遵守法律法规，努力成为法律权威的坚定维护者。

【学习重点】

1. 科学地认识法律的起源、本质、特征和运行。

2. 了解宪法的地位及其重大意义，掌握社会主义各大法律部门的功能和适用范围。

3. 整体把握中国特色社会主义法律体系，牢记走社会主义法治道路应该坚持的原则。

4. 准确理解法治思维的含义及其特征，培养法治思维。

5. 尊重和维护法律权威，依法行使权利与履行义务，以实际行动带动全社会崇德向善，努力做尊法学法、守法用法的模范。

【阅读欣赏】

典故“约法三章”

公元前207年，刘邦率领大军攻入关中，到达离秦都咸阳只有几十里路的霸上。子婴在仅当了46天的秦王后，向刘邦投降。刘邦进咸阳后，本想住在豪华的王宫里，但他的心腹樊哙和张良告诫他别这样做，免得失掉人心。刘邦接受他们的意见，下令封闭王宫，并留下少数士兵保护王宫和藏有大量财宝的库房，随即还军霸上。为了取得民心，刘邦把关中各县父老、豪杰召集起来，郑重地向他们宣布道：“秦朝的严刑苛法，把众位害苦了，应该全部废除。并与众位约定，不论是谁，都要遵守三条法律。这三条是：杀人者要处死，伤人者要抵罪，盗窃者也要判罪！”父老、豪杰们都表示拥护约法三章。接着，刘邦又派出大批人员，到各县各乡去宣传约法三章。百姓们听了，都热烈拥护，纷纷取了牛羊酒食来慰劳刘邦的军队。由于坚决执行约法三章，刘邦得到了百姓的信任、拥护和支持，最后取得天下，建立了西汉王朝。

（典故出自：《史记·高祖本纪》）

【学习案例】

【案例一】中国宪法司法化第一案——齐玉苓案

1990年，山东省滕州第八中学初中毕业生齐玉苓考上济宁商校，却被同村同学陈恒燕盗用姓名就读直至毕业，毕业后陈继续冒用齐的名字参加工作。齐诉陈侵犯姓名权、受教育权纠纷案，经山东省高院二审公开开庭审理，并获最高人民法院批复，于2001年8月24日向社会公布审理结果：齐玉苓获得共计10余万元的赔偿。此案被称为“中国宪法司法化第一案”。

中考“失利”，年轻女孩遭遇下岗

1990年夏，山东省枣庄市滕州鲍沟镇圈里村17岁的姑娘齐玉苓在中考后，一直没能获得录取通知书。以为自己未被录取，齐玉苓最终借钱上了邹城技工学校。命运弄人，技校毕业后，没干两年的工作因厂里减员分流，齐玉苓成了下岗大军中的一员。于是，每天早上卖早点、下午卖快餐成为齐玉苓维持生活的唯一途径。

时光荏苒，转眼到了1999年。已准备结婚的齐玉苓，遇到了一件蹊跷事。

“真假”齐玉苓，同村同学冒名顶替

从朋友处，齐玉苓无意中得知，当地银行有一个与自己同名同姓的人。齐玉苓倍感诧异，因为姓名同音不奇怪，但“苓”字也一样就有点让她好奇了，而更让齐玉苓震惊的还在后面——这名“银行齐玉苓”正是1990年考取中专的，而且这个人上的中专正是当年齐玉苓所报考的济宁商校。

经过仔细调查，齐玉苓发现，那个已是银行储蓄所主任、为人母的“齐玉苓”竟是原圈里村党支部书记陈克政的女儿陈恒燕。事实上，陈恒燕早在自己预考落选之后就开始了冒名齐玉苓的行为。没资格参加统考的陈恒燕，用齐玉苓的名义取得了鲍沟镇政府的委培合同，而费尽心血考试的齐玉苓，却对一切茫然无知。

弄虚作假9年，冒名者站上被告席

9年后突然出现的这场变故，让齐玉苓无论如何也不能接受。她没想到，当年她自以为中考失利而痛苦万分的时候，却已有人偷偷拿走了她的录取通知书，摇身一变，成了“齐玉苓”，上了本是她考上的济宁商校，从此当上了城里人，还捧上了银行这令人羡慕的饭碗，而自己却在打工、下岗。

1999 年 1 月 29 日，齐玉苓在家人的帮助下将陈恒燕及其父、山东省济宁商业学校、滕州第八中学、山东省滕州市教育委员会等推上法院被告席。

齐玉苓在诉状中表示：由于各被告共同弄虚作假，促成被告陈恒燕冒用原告的姓名进入济宁商校学习，致使原告的姓名权、受教育权以及其他相关权益被侵犯。请求法院判令被告停止侵害、赔礼道歉，并赔偿原告经济损失 16 万元，精神损失 40 万元。

不满一审判决，坚持维护受教育权

1999 年 5 月，枣庄市中院对齐玉苓诉陈恒燕等四被告一案做出一审判决。一审判决后，没有认定齐玉苓的受教育权被侵犯，齐玉苓又上诉至山东省高院。而这起特殊的案件着实让法官感到为难，陈恒燕等人侵犯了齐玉苓的受教育的权利，应该承担民事责任，但是却苦于找不到具体的法律规定。所以决定向最高人民法院请示。

2001 年 6 月 28 日，最高人民法院做出批复，明确指出：以侵犯姓名权的手段侵犯他人依据宪法规定享有的受教育权，应承担相应的民事责任。山东省高级人民法院据此对这场冒名顶替上学案做出了终审判决：判令陈恒燕停止对齐玉苓姓名权的侵犯，济宁商校、滕州教委、滕州八中承担连带赔偿责任与陈恒燕父女共同赔偿齐玉苓精神损失费 5 万元、赔偿齐玉苓因受教育权被侵犯所造成的经济损失 5 万余元，总计 10 万余元。

点评：在我国司法实践中，由于种种原因，宪法没有作为法院裁判案件的直接法律依据。从中华人民共和国成立至今，各级法院在审理案件过程中，往往回避在法律文书中直接引用宪法。因此，作为国家根本大法，宪法中规定的部分公民基本权利内容在司法实践中发生争议时，可能难以获得有效的司法救济。发生在 20 世纪 90 年代的山东齐玉苓诉陈恒燕等人一案，事关宪法规定的平等受教育权，因首次引用宪法规定进行判决，被司法界、学术界、媒体称为“宪法司法化第一案”。最高法对齐玉苓案的批复，成功实现了宪法中公民基本权利条款在普通诉讼中的适用。

【案例二】孙志刚案件

孙志刚事件是指媒体发挥舆论监督功能，通过新闻报道披露政府执法机关收容拘禁公民孙志刚而致其被殴而死这一事件，推动国务院废除收容遣送条例，是保护公民权利的著名案例。

孙志刚，男，事发时27岁，刚从大学毕业两年，任职于广州某公司。2003年3月17日晚10点，他像往常一样出门去上网。因缺少暂住证，被警察送至广州市“三无”人员（即无身份证、无暂居证、无用工证明的外来人员）收容遣送中转站收容。次日，孙志刚被收容站送往一家收容人员救治站。在这里，孙志刚受到工作人员以及其他收容人员的野蛮殴打，并于3月20日死于这家救治站。

事发之后广东省、广州市迅速成立联合调查组，全面开展调查工作。省、市政法公安机关也迅速成立联合专案组，全力开展案件侦破工作。至5月12日止，先后抓获李文星等8名涉嫌殴打孙志刚的人；涉嫌指使殴打孙志刚的广州收容人员救治站护工乔燕琴等5人已抓捕归案。同时，检察机关已对涉嫌渎职犯罪的有关人员立案侦查。目前，收容救治站的负责人、当晚值班医生彭红军和当晚值班护士曾伟林已被逮捕，天河区黄村街派出所民警李耀辉已被刑事拘留。

2003年6月27日，广东省高院对该案做出终审判决：以故意伤害罪判处被告人乔燕琴（救治站护工）死刑；李海婴（被收容人员）死刑，缓期二年执行；钟辽国（被收容人员）无期徒刑。其他9名被告人分别被判刑。

由于此次受害者身亡，并且其身份不是流浪汉而是大学生，因而产生了极大影响。许多媒体详细报道了此一事件，并曝光了许多同一性质的案件，在社会上掀起了对收容遣送制度的大讨论。先后有8名学者上书全国人大，要求就此对收容遣送制度进行违宪审查。

2003年5月14日三名法学博士俞江（华中科技大学法学院）、腾彪（中国政法大学法学院）、许志永（北京邮电大学文法学院）向全国人大常委会递交审查《城市流浪乞讨人员收容遣送办法》的建议书，认为收容遣送办法中限制公民人身自由的规定，与中国宪法和有关法律相抵触，应予以撤销。2003年5月23日，贺卫方、盛洪、沈岿、萧瀚、何海波5位著名法学家以中国公民的名义，联合上书全国人大常委会，就孙志刚案及收容遣送制度实施状况提请启动特别调查程序。同年6月20日，在未公布详细程序的情况下由中华人民共和国国务院总理温家宝签署国务院令，公布《城市生活无着的流浪乞讨人员救助管理办法》，6月22日，经国务院第12次常务会议通过的《城市生活无着的流浪乞讨人员救助管理办法》正式公布，并将于2003年8月1日起施行。1982年5月12日国务院发布的《城市流浪乞讨人员收容遣送办法》同时废止。

案例点评：

“孙志刚事件”和三博士上书全国人大常委会事件，被记入中国依法治国的历史之中：这是中国公民首次行使违宪审查建议权（违宪审查又称宪法监督，是指特定的机关依据一定的程序和方式，对法律法规和行政命令等规范性文件和特定主体行为是否符合宪法进行审查并做出处理的制度），由此引发的关于全国人大应当尽快启动违宪审查制度的讨论，对中国依法治国的进程起到了一定的推动作用。

【案例三】呼格吉勒图宣判无罪案

自己的儿子在年仅18岁的黄金年龄被错判而冤死，普天下的父母很难有人能接受这种悲剧。更让呼格吉勒图父母伤心的是，儿子案件的真凶早在9年前就认罪，而法院却迟迟不肯还儿子清白。老两口千里奔走，为的就是还儿子一个清白。

案件的原委还要回溯到1996年。1996年4月9日，内蒙古呼和浩特市卷烟厂发生一起强奸杀人案，警方认定18岁的呼格吉勒图是凶手，仅61天后，法院判决呼格吉勒图死刑，并于5天后执行。2005年，轰动一时的内蒙古系列强奸杀人案凶手赵志红落网，其交代的第一起案件便是当年这起“4·9”杀人案。大道之行，天下为公。2014年12月15日，内蒙古自治区高院对呼格吉勒图故意杀人、流氓罪一案做出再审判决，撤销内蒙古高院1996年做出的关于呼格吉勒图案的二审刑事裁定和呼和浩特市中级人民法院1996年对呼格吉勒图案做出的一审刑事判决，宣告原审被告人呼格吉勒图无罪，并向其父母送达了再审判决书。20年后，法律还呼格以清白。呼格吉勒图案经内蒙古自治区高级人民法院改判无罪后，有关机关和部门迅速启动追责程序，依法依规对呼格吉勒图错案负有责任的27人进行了追责。2015年3月12日，在第十二届全国人民代表大会第三次会议上，首席大法官、最高人民法院院长周强和首席大检察官、最高人民检察院检察长曹建明做工作报告，都提及了呼格吉勒图案。周强在报告中称，对错案“深感自责”，曹建明则表示，“对冤错案件首先深刻反省自己”。

案例点评：

公正是法治的生命线。呼格吉勒图案之所以引发舆论关注，与“一案两凶”的悬疑有关，更与疑案持续8年得不到重审密不可分。无论是纠正错案，还是推动制度建设，无疑都需要极大的勇气和决心。内蒙古法院依法纠正“呼格吉勒图案”，还当事人以迟到的正义，还法律以尊严，虽然过程一波三折，但毕竟是法院系统在法律框架内部通过正常法律程序完成的，这与具有“人治”色彩的“平反”相比，法治是最终的赢家。迟来的正义也是正义，对当事人来说可以摆脱耻辱的印痕，感受到正义的力量；对司法部门来说，有错必纠，对当事人负责、对事实负责、对法律负责，才能捍卫公信力，维护法律尊严。

党的十八大以来，呼格案、聂树斌案、陈满案、赵永海案等旷日持久的申诉案重审改判，人民群众从一起起冤假错案的纠正中看到正义永恒。公正是法治的生命线，让人民群众在每一个司法案件中感受到公平正义，是司法工作的崇高目标。公正司法是法治中国建设的重要环节，是中国梦不可或缺的重要内容。没有公正司法，就没有社会的公平正义；没有社会的公平正义，就无法实现中国梦。司法公信力体现的是人民群众对司法制度、司法机关、司法权运行过程及结果的信任程度，反映的是人民群众对司法的认同状况。司法裁判中万分之一的失误，对涉案当事人也是百分之百的伤害。公正是公信的基础，而公信力则是司法权威的前提。要严肃认真地对待每一起案件，靠一个个具体案件的公正审判，提升司法公信力，维护司法权威。

【案例四】未成年人买东西，是否合法？

近期，浙江省丽水市松阳县消保委接到2起未成年人家长投诉，称其小孩（9岁和10岁）私自到手机店购买手机，拿回家开始玩时，被其家长发现，于是去手机店要求退货，商家拒绝退货。商家认为买手机是学生自愿行为，商场明码标价，质量没问题，也没有欺诈行为，而且法律没有规定店家出售手机时，必须审查购买者的身份和年龄，所以只要出钱买，无论是老人还是小孩，都会卖。双方交涉不成，无奈之下投诉至松阳县消保委。

案例点评：

《中华人民共和国民法总则》中有相关规定：

第十七条　十八周岁以上的自然人为成年人。不满十八周岁的自然人为未成年人。

第十八条　成年人为完全民事行为能力人，可以独立实施民事法律行为。十六周岁以上的未成年人，以自己的劳动收入为主要生活来源的，视为完全民事行为能力人。

第十九条　八周岁以上的未成年人为限制民事行为能力人，实施民事法律行为由其法定代理人代理或者经其法定代理人同意、追认，但是可以独立实施纯获利益的民事法律行为或者与其年龄、智力相适应的民事法律行为。

第二十条　不满八周岁的未成年人为无民事行为能力人，由其法定代理人代理实施民事法律行为。

第二十一条　不能辨认自己行为的成年人为无民事行为能力人，由其法定代理人代理实施民事法律行为。八周岁以上的未成年人不能辨认自己行为的，适用前款规定。

第二十二条　不能完全辨认自己行为的成年人为限制民事行为能力人，实施民事法律行为由其法定代理人代理或者经其法定代理人同意、追认，但是可以独立实施纯获利益的民事法律行为或者与其智力、精神健康状况相适应的民事法律行为。

第二十三条　无民事行为能力人、限制民事行为能力人的监护人是其法定代理人。

《合同法》规定，限制民事行为能力人订立的合同，除纯获利益的合同或者与其年龄、智力、精神健康状况相适应的合同外，须经法定代理人追认后，该合同才有效。

未满18周岁的未成年人是不具有完全民事行为能力的，在购买贵重商品时，必须要有监护人陪同。据此，由于消费者是限制民事行为能力人，双方达成的买卖合同，是无效的或可撤销的。

本案件的两个学生一个9岁、一个10岁，都是限制行为能力人，购买手机这种贵重物品的行为属于无效行为或者可撤销行为，需由其法定代理人代理或者经其法定代理人同意、追认。

经调解，店家意识到将手机这种贵重物品卖给未成年人的行为不妥，同意退回手机，双方达成和解。

【案例五】独生子女为啥不能全额继承父母房产？

最近，李阿姨为女儿办理房屋过户，忙得焦头烂额，差点没能办成。这究竟是怎么一回事呢？事情是这样的：

李阿姨今年50多岁，丈夫老王10年前就离世了。今年3月，李阿姨来到有关部门想将自己的房产过户到独生女儿王小敏名下。李阿姨想，这还不简单，父亲的房子要给女儿理所当然的事情，可是事情并非李阿姨想的那样简单。原来，李阿姨准备过户给女儿的房子，是她和丈夫多年前购买的，房产证上写的是老王的名字。2006年老王因病去世，3年后，老王的母亲伤心过度，也去世了。现在李阿姨准备把房子过户到女儿王小敏名下，但是却被告知要公证才行。公证处的办事人员告诉她，要办理这个公证首先必须征得已故丈夫老王的父亲和老王兄弟姐妹的全部同意。李阿姨就产生了疑问："我自己家的房子，我女儿又是独生女，为啥要老王家兄弟姐妹同意？"

案例点评：

要过户的房屋是李阿姨和丈夫老王的共有财产，老王去世后，没有就房屋分配立下遗嘱，按照《继承法》规定，没有立遗嘱的，就应按法定继承。老王遗产的法定第一顺序继承人分别是他的配偶、子女和父母。也就是说老王留下的房屋应由李阿姨、王小敏和李阿姨的公公、婆婆共同继承。后来李阿姨婆婆去世了，按法律规定李阿姨婆婆享受的房产份额在她去世后，她的子女也都是有继承权的，所以李阿姨要请来自己去世丈夫的所有兄弟姐妹，并要求他们放弃继承，这样才能办理房屋过户。

【案例六】山东聊城于欢案件

于欢，男，1994年8月出生，山东省冠县人，汉族，高中文化。苏银霞儿子、“辱母案”当事人。山东源大工贸有限公司员工。

女企业家苏银霞曾向地产公司老板吴学占借款135万元，月息10%。在支付本息184万和一套价值70万的房产后，仍无法还清欠款。2016年4月14日，11名催债人辱骂、抽耳光、鞋子捂嘴，在长达一小时的凌辱之后，杜志浩脱下裤子，用极端手段当着苏银霞儿子于欢的面污辱苏银霞。有人报警，民警来到进入接待室后说“要账可以，但是不能动手打人”，随即离开。22岁的于欢摸出一把水果刀乱刺，致4人受伤。被刺中的杜志浩自行驾车就医，却因失血过多休克死亡。

2017年2月17日，山东省聊城市中级法院一审以故意伤害罪判处于欢无期徒刑。2017年3月24日，山东省高级人民法院受理此案当事人上诉案。2017年5月27日，山东省高级人民法院二审公开开庭审理。2017年6月23日山东高院撤销一审判决，判决于欢犯故意伤害罪，判处有期徒刑5年。

2018年2月1日，此案件入选“2017年推动法治进程十大案件”。

案例点评：

正当防卫？防卫过当？故意伤害致人死亡？

1. 从防卫意图看，于欢的捅刺行为是为了保护本人及其母亲合法的权益而实施的。为了保护合法的权益，这是正当防卫的目的性条件。合法的权益，并不限于生命健康，还包括人身自由、人格尊严等其他合法权益。本案中，于欢在认识到自己和母亲的人身自由、人格尊严受到严重不法侵害、人身安全受到严重威胁的情况下，持刀捅刺杜志浩等人的行为，正是为了保护自己和母亲的人身自由、人格尊严、人身安全等合法权益免受不法侵害而实施的。

2. 从防卫起因看，本案存在持续性、复合性、严重性的现实不法侵害。针对不法侵害行为才能实施防卫，这是正当防卫的前提条件。这里的不法侵害，既可以是犯罪行为，也可以是一般违法行为，包括对非法拘禁，公民可以进行防卫。本案中，杜志浩等人并不是苏银霞高利贷借款的直接债权人，而是被赵荣荣纠集前去违法讨债。在案证据证实，讨债方存在持续进行的严重不法侵害行为，按时间顺序可分三个阶段：一是2016年4月1日赵荣荣等人非法侵入于欢家住宅、4月13日擅自将于欢住宅家电等物品搬运至源大公司堆放，吴学占将苏银霞头部强行按入马桶；二是2016年4月14日下午至当晚民警出警，讨债方采取盯守、围困等行为限制剥夺于欢、苏银霞人身自由，实施辱骂、脱裤暴露下体在苏银霞面前摆动侮辱等严重侵害于欢、苏银霞人格尊严的行为，采用扇拍于欢面颊、揪抓于欢头发、按压于欢不准起身等行为侵害于欢人身权利，收走于欢、苏银霞的手机，阻断其与外界的联系，在源大公司办公楼门厅前烧烤、饮酒扰乱企业生产秩序；三是从出警民警离开接待室至于欢持刀捅刺之前，讨债方持续阻止于欢、苏银霞离开接待室，强迫于欢坐下，并将于欢推搡至接待室东南角。这三个阶段的多种不法侵害行为，具有持续性且不断升级，已经涉嫌非法拘禁违法犯罪和对人身的侵害行为。面对这些严重的不法侵害行为，于欢为了制止这些不法侵害，反击围在其身边正在实施不法侵害的加害人，完全具有防卫的前提。

3. 从防卫时间看，于欢的行为是针对正在进行的不法侵害实施的。防卫适时，是正当防卫的时间性条件。本案中，出警民警离开接待室是案件的转折点。民警出警本应使事态缓和，不法侵害得到有效制止。但在案证据证实，杜志浩一方对于欢的不法侵害行为，没有因为民警出警得到控制和停止，相反又进一步升级。在苏银霞、于欢急于随民警离开接待室时，杜志浩一方为不让于欢离开，对于欢又实施了勒脖子、按肩膀等强制行为，并将于欢强制推搡到接待室的东南角，使于欢处于更加孤立无援的状态。于欢持刀捅刺杜志浩等人时，不法侵害的现实危险性不仅存在，而且不断累积升高，于欢面对的境况更加危险。如果他不持刀制止杜志浩一方的不法侵害，他遭受的侵害行为将会更加严重。于欢在持刀发出警告无效后，捅刺了围在身边的人。

4. 从防卫对象看，于欢是针对不法侵害人本人进行的反击。针对不法侵害人本人实施防卫行为，这是正当防卫的对象性条件。这里的不法侵害人本人，是指不法侵害的实施者和共犯。本案中，于欢持刀捅刺的对象，包括了杜志浩、程学贺、严建军、郭彦刚四人。在案证据证实，这四人均属于参与违法讨债、涉嫌非法拘禁犯罪的共同行为人，杜志浩还在非法拘禁过程中实施了污秽语言辱骂和暴露阴部、扇拍于欢面部等严重侮辱行为。虽然目前没有证据证实严建军、郭彦刚、程学贺三人对于欢母子有言语侮辱和暴力殴打行为，但他们围挡在于欢身边且在杜志浩被捅刺后仍然没有走开，同样限制了于欢的人身自由，于欢为制止不法侵害而捅刺的四人，均是不法侵害人。

5. 从防卫结果看，明显超过必要限度，造成重大损害。不能明显超过必要限度造成重大损害，这是正当防卫的适度性条件，也是区分防卫适当与防卫过当的重要标准。衡量必要限度时必须结合不法侵害的行为性质、行为强度和可能造成的危害后果等进行综合考量，既不能简单以结果论，也不能一出现死伤结果就认定是防卫过当。本案中，于欢的行为具有防卫的性质，采取的反制行为明显超出必要限度且造成了伤亡后果，应当认定为防卫过当。

【案例七】间谍很遥远？

你以为间谍很遥远？不！如果你的国家安全意识不强，也许就会成为境外间谍组织策反的对象，他们可能就伪装潜伏在你身边！《都市报道》获河南省国家安全厅授权，独家解密重磅间谍大案，就发生在你我身边。涉事人仅仅发了一封邮件，已涉嫌出卖国家机密！

2019 年年初，郑州某大学的在校生小李，刚参加完期终考试，还没来得及松口气，竟然直接被郑州市国家安全局的侦察员带走了。什么？间谍?！小李才刚上大一，怎么会跟间谍组织扯上关系？他的所作所为，到底给国家造成了什么样的严重后果？

2018 年 10 月，郑州某高校，刚进入大学校门的小李，收到了一个来自陌生人的 QQ 好友邀请。对方称，他叫陈逸辰，浙江宁波人，长期生活在国外。最近在做军民融合项目调研，希望小李能够提供一些国内的相关信息，事成之后将支付丰富的报酬。小李对军事方面并不了解，但为了挣到这笔丰厚的跑腿费，他趁空余时间专门跑到学校图书室，查阅相关资料。刚开始，陈逸辰想让小李拍一本名叫《航空及空军装备》的杂志，承诺只要拍下来，就直接给他 200 元，但小李翻遍校园图书馆也没找到。寒假期间，小李回到老家，最终在当地图书馆找到了相关的军事书籍。8 本杂志共 1 000 元，收到图片后，陈逸辰很快就将报酬支付给了小李。随后，小李又按照要求拍了《海军杂志》，对方又给他转了 400 元。接下来，陈逸辰又提出了新的要求。还在为挣了一点小钱窃喜的小李，竟丝毫没有察觉，自己已经出卖了国家机密。尝到甜头的小李，很快又完成了陈逸辰吩咐的几个“任务”，报酬又拿了不少。但接下来陈逸辰的要求，让小李感到为难。因为对方要的东西越来越倾向军事领域，比如军校淘汰学生的信息，这个领域普通人很少会关注。接下来两天，由于小李要考试，就没再跟对方联系。而他并不知道，自己向境外传送照片的一举一动，早已被锁定。期终考试完的第二天，侦察员就把小李从学校直接带走了。触犯法律的小李竟然还声称：他拍的这些杂志，全部是公开发行的。只要在国内，随时可以查看，怎么会涉密呢？幸亏侦察员及时查获，切断了小李和对方的联系，不然后果不堪设想。考虑到小李这次违法情节较轻，且能如实向国家安全机关说明情况，国家安全机关决定，让小李暂时回学校继续上课，等待下一步处理。

案例点评：

从郑州市国家安全局了解到，他们在最近几年侦办的案件中发现，在校大学生，尤其是重点大学涉及政治、经济、国防科工、前沿科技的大学生，都是境外间谍组织策反的重点对象。大学生刚进校门，涉世未深，国家安全意识不强。境外间谍组织的惯用手法，就是先安排做简单易行的事，随着联系愈发密切，间谍会根据大学生的自身情况，逐渐增加难度，诱导学生去搜集与军事、政治、经济相关的信息。大学生一旦向境外间谍组织传送了相关信息，上了他们的贼船，再想下来，那就很难了。如果大学生朋友无意中已经充当了对方的利用工具，但并没有造成多大的损失，可以直接上报学校保卫处。如果已经向境外传送了一些信息，那么应该立即停止犯罪行为，再不收手，面临的就将是法律的严惩！

【案例八】老虎咬人该不该赔偿？

2016 年 7 月 23 日，北京八达岭野生动物园发生了一起老虎伤人事件，当时进入景区游玩的赵女士还未出虎园就自行下车与驾驶位上的丈夫换座位，没想到被身后的老虎一下子叼走，赵女士当场晕厥。坐在后座的赵女士母亲周女士因为爱女心切，也马上下车追逐老虎，希望能够把女儿救回来。就这样，赵女士被救了回来，周女士丧生在了虎口之下。

惨剧发生后，不少媒体纷纷亮出观点，例如《北京晚报》以“没有素质有时要命”为题发表了时事评论。在公共社交平台的发言中，意见几乎一边倒地认为，主要责任需要游客自己来承担，“这个锅，动物园方面不能背”。当事游客进入园区前签订过相关责任书，其中明确规定自驾入园要锁好车门窗，严禁下车。那么，老虎伤人事件是否应该由擅自下车的游客一方承担全部责任呢？

案例点评：

有法律专家认为，并非如此。因为赵女士与动物园的关系属于消费者与经营者的关系，《消费者权益保护法》规定，经营者不得以格式条款、通知、声明、店堂告示等方式，做出排除或者限制消费者权利、减轻或者免除经营者责任、加重消费者责任等对消费者不公平、不合理的规定。所以赵女士与动物园签订的《责任协议书》部分条款不具有法律效力。还有法律专家指出，我国《侵权责任法》第三十七条也规定，公共场所管理人有安全保障义务，对于野生动物园来说，该义务不是一般的提示性义务，而是要对消费者的人身安全采取切实有效的保护措施，经营者应该采取特殊的防护设施来防止意外的发生，例如可以在游客的车辆中配备一位安全员陪同游览等。园方与游客签订的相关“免责”条款可能会误导园内工作人员，认为出现意外与动物园方面没有关系，从而疏于管理。单就“民意”而言，显然大部分人都认为赵女士应该为违反动物园规定而造成的严重后果承担全部责任，但是当法律赋予她追责权利时，无论舆论如何，赵女士都可以按照相关的法律规定进行索赔。当个人的思想、情感与法律的价值、规定发生冲突时，每个人都需要尊重他人的合法权利诉求，这也是法治思维的一种体现。2016 年 11 月 15 日，当事人赵女士及其委托代理人到延庆法院，以八达岭野生动物世界有限公司侵害周女士生命权、侵害赵女士健康权为由申请立案，索赔 218 万元。2017 年 12 月 19 日，北京市延庆区人民法院依法公开开庭审理了这一案件。

【案例九】教师阻碍高铁发车事件

2018 年 1 月，一段网络视频引发热议：高铁要发车了，一位带着孩子的女士用手死死抓住高铁车门把手，阻碍列车关门。该女士说，她丈夫马上就来，让再等等。列车工作人员劝她去改签，但她置若罔闻。此时车上的乘客也围了过来，指责因为她一个人耽误整车人出行，并且有人不断告诉她："你犯法了知不知道?"但她坚持自己买了票，拼命拽住车门不下车。工作人员无奈之下将其拖至车门外，但该女士倒地后仍用脚卡着车门，由于担心女子脚受伤，不得已车门重新打开，于是她趁机爬起来又进入车门内……截止视频结束时，她仍"坚守"在车门入口处。据事后调查，这段视频拍摄于 1 月 5 日，在由合肥站开往广州南站的高铁列车上。乘客罗女士一家三口因为之前走错了车站，到检票口时工作人员已停止检票，她和女儿冲了过去，跟在后面的老公却被拦下。为了等待迟到的丈夫，她用身体强行扒阻车门关闭，造成该次列车延迟发车 4 分钟。1 月 10 日上午，罗女士到合肥站派出所主动承认了自己的错误，公安机关依据《铁路安全管理条例》责令其认错改正，并处以 2 000 元罚款。

案例点评：

这一事件因为当事人罗女士的小学教师兼学校教导处副主任的身份而引起广泛关注，众多媒体评论员和网友纷纷表示：虽然赶火车确实很紧急，但是火车站的检票口自有规章制度，不会因为个别乘客而改变。罗女士作为教育工作者，公德之心却如此淡漠，眼中只有自己小家的得失，全然无视全车人的利益和生命安全，而且作为母亲，在自己的孩子面前用撒泼耍赖的方式，真的不担心孩子受到不好的影响吗？对于每个公民而言，遵纪守法都是最基本的要求，罗老师的行为既违背了社会公德，也违反了相关的法规，必须为此承担后果。对于整个社会来说，道德与法律都是维护公共秩序的重要手段。大学生是国家未来的栋梁，也正处于立德、立志、立人的重要阶段和关键时期，在日常生活中不仅要加强自身的思想道德修养，还要树立法治观念，增强法治意识，以更高的标准要求自己，做明礼、崇德、自律、守法的时代新青年。

【实践教学设计】

【项目一】法律知识手抄报大赛

[实践目的]

通过开展以法律知识为主题的手抄报比赛及展览活动。让学生明确加强法律修养的重要意义，树立以遵纪守法为荣、以违法乱纪为耻的观念。增强广大学生保障自身的合法权益的意识。做一个懂法、守法、用法的现代法制社会下的好公民。

[方案建议]

1. 教师结合教材讲解，明确本项目活动的目的、意义及要求。

2. 以学生学习小组为单位，分别收集整理法律常识和相关资料，并绘制手抄报。

【项目二】“法律知识”报告会

[实践目的]

通过报告会实践活动，使学生懂得没有纪律的规范，失去法度的控制，各项秩序就无从保证，人们的生存发展的环境就会遭到破坏，人民群众不可能安居乐业。作为公民，我们应该懂得遵纪守法的重要性和必要性，真正懂得法律的权威，从而自觉地做到明纪、知法、守法。

[方案建议]

1. 聘请法律方面的专家、办案人员来校做“法律知识”报告会。

2. 要求学生根据所听报告内容，写一份1 000字左右的心得。

【项目三】模拟法庭

[实践目的]

通过举办模拟法庭活动，使学生在参与体验中理解法庭审理的基本程序，深化对法治思维方式的含义和基本特征的理解。培养维护社会主义法律权威的意识和进一步学习法律知识的兴趣，锻炼组织能力、分析能力和表达能力。

[方案建议]

1. 教师对模拟法庭活动的目的、意义、基本要求、注意事项进行说明。

2. 案例编写。师生共同选择模拟审判的案例，教师指导学生编写模拟法庭的详细案例剧本。

3. 角色分配。学生分角色扮演审判长、陪审员、书记员、辩护律师、原告被告，并按每个角色分头准备自己的台词文件和证据资料。

4. 场景布置。对教室内桌椅进行适当调整，使其基本格局与法庭相一致。在审判长、书记员、原告被告座位处摆放相应桌签。

5. 学生按照事先编写的模拟法庭剧本开展各项活动，并进行活动体验分享，教师进行总结讲评。

6. 要求每位学生回顾庭审全过程，撰写800字的活动总结。

【项目四】问卷调查——当代大学生的法律意识

[实践目的]

通过对当前大学生的法律意识进行问卷调查，了解当代大学生在法律方面的现状与问题，帮助大学生正确认识社会主义法律，做知法守法懂法的当代大学生。

[方案建议]

1. 设计问卷。

2. 发放问卷，向被访者解读调查研究的必要性，指导被访大学生填写问卷。

3. 回收问卷并对问卷结果进行统计。

4. 分析统计结果，总结当代大学生的法律意识现状。

5. 结合被访大学生的问卷回答情况，学生总结什么是社会主义法律，如何做一名知法、守法、懂法的当代大学生。

[参考资料]

您好！感谢您在百忙之中接受此次问卷调查，此问卷旨在分析当代大学生的法制观念现状，更好地促进当代大学生法制观念的健康发展。请您按照您的真实想法填写，选择符合您情况或意见的选项。

1. 您的性别为（　　）。

A. 男　　B. 女

2. 您所学的专业是（　　）。

A. 文科　　B. 理科

3. 您所在的年级为（　　）。

A. 一年级　　B. 二年级

C. 三年级

4. 您认为大学生有必要注重学习法律知识吗？（　　）

A. 有必要　　B. 看情况

C. 没必要

5. 在同一时段，以下的电视节目您会倾向于看哪个？（　　）

A. 《非诚勿扰》　　B. 《今日说法》

C. 《快乐大本营》　　　　D. 《娱乐乐翻天》

6. 您认为大学生在法制社会中担当的角色为（　　）。

A. 守法者　　　　B. 法律知识的传播者

C. 法制的完善者　　　　D. 其他

7. 您认为现代社会中什么是最重要的？（　　）

A. 法律　　　　B. 权利

C. 金钱

8. 您获取法律知识的主要途径是什么？（　　）【该题为多选题】

A. 学校教育

B. 传统媒体（电视、传播、书刊）

C. 新媒体（网络、电子期刊）

D. 其他

9. 您在借给他人较大金额的钱时，是否会打欠条？（　　）

A. 会　　　　B. 不会

C. 看情况

10. 您是否会购买来路不明的自行车或其他物件？（　　）

A. 会　　　　B. 不会

C. 看情况

11. 您去餐馆或者其他地方消费有没有想到并索要发票？（　　）

A. 想到，索要了　　　　B. 想到，未索要

C. 没想到　　　　D. 无所谓

12. 您会如何对待消费争议？（　　）

A. 自认倒霉，算了　　　　B. 直接与商家联系

C. 向媒体投诉曝光　　　　D. 找消协会投诉

E. 上论坛博客发表文章　　　　F. 其他

13. 假如您在参加勤工俭学或者利用课外时间兼职的过程中，您的合法权益受到侵害，您会怎么做？（　　）【该题为多选题】

A. 走法律程序　　　　B. 上报学校，由学校处理

C. 去用人单位找说法　　　　D. 忍气吞声

14. 您认为大学生维权存在哪些困难？（　　）【该题为多选题】

A. 维权意识淡薄

B. 不知具体途径

C. 校园中没有相应部门

D. 其他

15. 您认为您的法律知识储备如何？(　　)

A. 比较好　　B. 一般

C. 不好

16. 您对《中华人民共和国刑法》的知晓情况如何？(　　)

A. 读过《中华人民共和国刑法》法律条文，比较了解其内容

B. 对该法律内容知道较多

C. 知道一些，但不太详细

D. 听说过此法律，但对其内容不甚了解

17. 您是否能够正确区分违法和犯罪？(　　)

A. 能　　B. 不一定能

C. 不能

18. 您知道我国的根本法，具有最高效力的是以下哪一部？(　　)

A. 刑法　　B. 宪法

C. 婚姻法　　D. 合同法

19. 您认为我国公民必须请律师打官司，还是可以自己打官司？(　　)

A. 可以　　B. 不可以

C. 不清楚

20. 您认为当前大学生法制意识强不强？(　　)

A. 强　　B. 不强

C. 不清楚

21. 您对当前我国大学生法制建设方面有什么意见和建议？您认为国家是否应该制定更多的法律法规来解决社会问题？(　　)【可在选择选项后，将意见建议填在选项后面的填空框内，无字数限制】

A. 无建议

B. 有建议

C. 觉得需要改进，但无确切想法

【影视鉴赏】

十二公民

内容简介：

《十二公民》改编自1957年美国电影《十二怒汉》。该片讲述了当代中国一个由富二代杀人案引发的最为激烈的法庭斗智的故事。暑期一所政法大学内未通过英美法课程期末考试的学生迎来补考，他们组成模拟西方法庭，分别担任

法官、律师、检察官等角色。审理的正是一桩社会上饱受争议的20岁富二代弑父案件，12位学生家长组成了陪审团，这些人来自社会不同阶层，有医生、房地产商、保安教授、保险推销员等。他们在听取学生法庭审理后，将对本案做出最终判决，这12名陪审员互不相识，但按照规则，他们必须达成一致才能结束审判。第一轮投票就有11人认定富二代有罪，所有人证物证都指向这一结果的情形下，这位年轻的嫌疑犯离舆论上的死亡只有一步之遥，所有的线索都被逐一讨论。随着审判的进行，疑点出现，每个人背后的故事也浮出水面。

请同学们到网络上下载该视频观看并准备课堂讨论发言。

【延伸阅读】

中国的司法鼻祖——皋陶

在安徽省的六安城东7.5千米处，有一处遗址叫作皋陶墓。皋陶墓是一座高6.2米、周长为97米的圆形土冢，墓顶平面直径有4米，上有一棵黄连木，形同华盖。而墓前有一块清同治年安徽布政使吴坤修手书“古皋陶墓”的碑刻，碑高1.82米，宽0.92米。1981年，皋陶墓被列为六安县重点文物保护单位，属于国家级文物区，而前往的游客也越来越多。皋陶，是黄帝之子少昊之后，生于尧帝之时，卒于禹之前，据说他的寿命长达106年。皋陶是传说中上古时期的政治家、思想家、法学家，与尧、舜、禹齐名，被奉称为“上古四圣”之一，是中国史学界和法学界公认的“司法鼻祖”。相传“皋陶造狱，画地为牢”，造狱先驱皋陶，因此被尊为狱神。皋陶是我国最早见于文字记载的司法长官，专掌断案治狱。《尚书·舜典》记载道：“帝曰：皋陶，蛮夷猾夏，寇贼奸宄，汝作士。五刑有服，五服三就；五流有宅，五宅三居。惟明克允。”意思就是说，现在的华夏正受蛮夷侵扰，皋陶作为狱官之长，应当做到明察案情、公正明允。皋陶在担任掌管刑法的“理官”期间，一直都没有辜负舜帝的期望。相传他使用一种独角兽来决狱，这种怪兽名叫獬豸，那长在头顶居中的独角，能伸直，会弯曲。据说，獬豸很有灵性，有分辨曲直是非、确认罪犯的本领。当皋陶审案出现疑问时，他便派出獬豸，如果那人有罪，獬豸就会用独角顶触，无罪则否。于是，案情迎刃而解，忠奸善恶也水落石出了。东汉《论衡·是应》记载，汉代衙门里有供奉皋陶像，并配饰獬豸图，这也为皋陶立下的“天下无虐刑”“天下无冤狱”的功绩提供了一些考证依据。皋陶不仅是一个审理案件的法官，也是一个法律的制定者。皋陶关于五刑的制定，从《尚书·尧典》和《皋陶谟》中得到考证，即“象以典刑，流宥五刑。鞭作官刑，扑作教刑，金作赎刑。眚灾肆赦，怙终贼刑。钦哉！钦哉！惟刑之恤哉。”从各种历史典籍看，皋陶不仅是最早的一位法官，在他之前，也没有人做过刑法以及根据刑法来判案。皋陶刑法开创了中国系统化和制度化的刑法之端，就连后来的“禹刑”“汤刑”和“吕刑”也是从皋陶之刑发展演化而来。此外，皋陶的“五刑”要比古巴比伦的《汉谟拉比法典》早三四百年，可以说是开了世界刑法的先河，所以，皋陶被后世尊称为中华“司法鼻祖”是当之无愧的。然而，皋陶也认识到，法治的最终目的是为了维护社会秩序的稳定，是为了减罪而非惩恶。皋陶在重视刑法的同时，也更加注重“德政”。皋陶在位时，曾辅助尧、舜、禹大力推行“五教”，即“父义、母慈、兄友、弟恭、子孝”，以求得社会和谐，天下大治。此外，他还认为，君主和群臣的修身治国应当由上而下、由己及人推展开来，为官者要具备三、六、九德，以三德要求卿大夫，以六德要求诸侯，而以九德要求天子。皋陶关于“法治”和“德治”相结合的主张，与今天的“依法治国”“以德治国”的理念无疑是异曲同工的，皋陶的司法活动与法律思想对中国古代的法律文化有着至关重要的影响，而皋陶文化作为中华民族传统文化的瑰宝，给后人留下了宝贵的精神文化遗产。

【知识检测】

一、单项选择题

1. 我国第一部社会主义类型的宪法是（　　）年制定的宪法。

A. 1949　　B. 1954　　C. 1952　　D. 1950

2. 按照我国的立法权限划分体制，宪法的修改由下列哪个机关进行？（　　）

A. 国务院　　B. 地方各级政府

C. 全国人民代表大会　　D. 民族自治地方

3. 我国正式的法律渊源不包括（　　）。

A. 宪法　　B. 法规　　C. 规章　　D. 制度

4. 下列不是立法的基本原则的是（　　）。

A. 效率原则　　B. 法治原则

C. 民主原则　　D. 科学原则

5. 下列不属于法的社会作用的是（　　）。

A. 预测作用　　B. 维护社会秩序与和平

C. 推动社会变迁或变化　　D. 保障社会整合或融合

6. 下列属于刑事责任的实现方式的有（　　）。

A. 警告　　B. 记过　　C. 降级　　D. 拘役

7. 我国的政体是（　　）。

A. 民主集中制　　B. 政治协商制度

C. 人民代表大会制度　　D. 人民民主专政制度

8. 某商场经营者拒绝回答消费者就商品性能提出的询问，该商场经营者侵犯了消费者的（　　）。

A. 自主选择权　　B. 公平交易权

C. 人格尊严受尊重权　　D. 商品真实情况知悉权

9. 累犯是指被判处有期徒刑以上刑罚的罪犯，刑罚执行完毕或者赦免以后，在5年内再犯应当判处有期徒刑以上刑罚之罪的犯罪分子。我国刑法规定，对于累犯（　　）。

A. 应当从重处罚　　B. 可以假释

C. 可以缓刑　　D. 应当从轻处罚

10. （　　）是解决民族问题的基本政策，是一项符合我国国情的基本制度。

A. 民族自治制度　　B. 区域自治制度

C. 民族区域自治制度　　D. 民族平等制度

11. 刘迪，6岁，在北京幼儿园学习绘画数年，1999年夏天，某机构组织儿童绘画展，刘迪的画被选中参展，并获得一等奖，得奖金1 000元。此时刘迪父母已离异，其母张某为刘迪的监护人，刘迪之父每个月给刘迪500元抚养费。1 000元奖金应归（　　）所有。

A. 刘母　　B. 刘父　　C. 刘迪　　D. 幼儿园

12. （　　）是法律实施和实现的基本途径。

A. 立法　　B. 守法　　C. 执法　　D. 司法

13. 我国目前形成了以（　　）为核心的法律体系。

A. 民法　　B. 刑法　　C. 经济法　　D. 宪法

14. 法律区别于其他社会规范的首要之处在于（　　）。

A. 法律是从来就有的

B. 法律是一种行为规范

C. 法律是由国家创制并保证实施的社会规范

D. 法律是全社会成员意志的体现

15. 我国的政权组织形式是（　　）。

A. 人民代表大会制度　　B. 无产阶级专政制度

C. 政治协商制度　　D. 人民民主专政制度

16. 以法治价值和法治精神为导向，运用法律原则、法律规则、法律方法思考和处理问题的思维模式是（　　）。

A. 法治观念　　B. 法治思维　　C. 法治理念　　D. 法律意识

17. (　　)一直被认为是法律所追求的主要价值目标。

A. 公平正义　　B. 自由平等

C. 民主法治　　D. 权利与义务

18. 法律上的平等观念最为核心的是(　　)的观念。

A. 等贵贱　　B. 均贫富

C. 人权主义　　D. 法律面前人人平等

19. 下列选项中,关于权利与义务的说法不正确的是(　　)。

A. 法律权利和法律义务是相互依存的

B. 在现代法治国家中,不存在纯粹的权利主体,也不存在纯粹的义务主体

C. 法律义务必须依法设定

D. 法律权利表现为"需要""获得""占有"等属性,只对权利人有利

20. 下列选项中,属于人身权利的是(　　)。

A. 休息权　　B. 继承权

C. 监督权　　D. 住宅安全权

二、多项选择题

1. 下列选项中,正确揭示了法律本质和特征的有(　　)。

A. 法是体现统治阶级意志的社会规范

B. 法是由国家制定和认可的社会规范

C. 法是以国家强制力保障实施的社会规范

D. 法是受社会物质生活条件约束的社会规范

2. 下列选项中,属于实体法律部门的有(　　)。

A. 诉讼法　　B. 宪法　　C. 刑法　　D. 行政法

3. 下列法律中,属于民法商法的有(　　)。

A. 劳动法　　B. 婚姻法　　C. 公司法　　D. 专利法

4. 法律至上具体表现为法律的(　　)。

A. 普遍适用性　　B. 优先适用性

C. 不可违抗性　　D. 国家强制性

5. 下列选项中,属于培养法治思维的正确途径的有(　　)。

A. 学习法律知识　　B. 掌握法律方法

C. 参与法律实践　　D. 养成守法习惯

E. 守住法律底线

6. 公平正义是法治思维的基本内容之一,公平正义主要内容包括(　　)。

A. 权利公平　　B. 机会公平

C. 规则公平　　D. 救济公平

7. 宪法在国家法律体系中具有最高的（　　）。

A. 法律地位　　B. 法律效力

C. 法律权威　　D. 法律作用

8. 守法是指所有（　　）都必须遵守法律，依法享有和行使法定职权与权利，承担和履行法定职责与义务。

A. 国家机关　　B. 社会组织

C. 公民个人　　D. 武装力量

9. 1763 年，老威廉·皮特在《论英国人个人居家安全的权利》的演讲中说："即使最穷的人，在他的小屋里也能够对抗国王的权威。屋子可能很破旧，屋顶可能摇摇欲坠；风可以吹进这所房子，雨可以淋进这所房子，但是国王不能踏进这所房子，他的千军万马也不敢跨过这间房子的门槛。"这段话后来被浓缩成"风能进，雨能进，国王不能进。"这凸显了权力与权利的关系是（　　）。

A. 权力决定权利　　B. 权力优先于权利

C. 权力应当以权利为界限　　D. 权力必须受到权利的制约

10. 下面属于中国特色社会主义法律体系特征的有（　　）。

A. 体现了中国特色社会主义的本质要求

B. 体现了改革开放和社会主义现代化建设的时代要求

C. 体现了结构内在统一而又多层次的国情要求

D. 体现了动态、开放、与时俱进的发展要求

三、判断对错（在括号内，正确的打√，错误的打×）

1. 宪法、民法和刑法是我国的根本大法。（　　）

2. "言论自由"就是每个人可以随意发表个人的见解和意见。（　　）

3. 法治是现代文明的制度基石。（　　）

4. 社会主义法律的目的就是要坚持中国共产党的领导，巩固和发展社会主义制度，保障人民当家做主，尊重和保障人权，始终将最广大人民的根本利益作为根本出发点和落脚点。（　　）

5. 依法治国仅指依宪治国，因为国家的法律法规都不能和宪法相抵触。（　　）

6. 5 个中学生强行以 5 元人民币的价格买下某同学的一辆新自行车，此行为有效。（　　）

7. 公民权利和义务的平等性一方面表现为公民在法律面前一律平等，另一方面表现为公民平等地享有宪法和法律赋予的权利和自由，也平等地承担和履行宪法和法律规定的义务。（　　）

8. 只有年满 18 周岁的成年人才是公民。（　　）

9. 现行宪法规定，中华人民共和国的根本制度是人民代表大会制度。（ ）

10. 王某有一栋可以眺望海景的别墅，当他得知另有一栋大楼将要建设，从此别墅不能再眺望海景时，就将别墅卖给想得到一套可以眺望海景房屋的张某，王某的行为违背了《民法》的诚实信用原则。（ ）

扫描二维码查看参考答案：